U0330878

图画通识丛书
A Graphic Guide

牛 顿

Introducing
Newton

威廉·兰金（William Rankin）/ 文

孙正凡 / 译

图书在版编目（CIP）数据

牛顿／（英）威廉·兰金文；孙正凡译. —北京：
生活·读书·新知三联书店，2021.1
（图书通识丛书）
ISBN 978 - 7 - 108 - 06907 - 8

Ⅰ.①牛… Ⅱ.①威… ②孙… Ⅲ.①牛顿（Newton, Issac
1642-1727）－传记 Ⅳ.① K835.616.11-64

中国版本图书馆 CIP 数据核字（2020）第 135153 号

责任编辑	周玖龄	
装帧设计	张 红	
责任校对	陈 明	
责任印制	徐 方	
出版发行	生活·讀書·新知 三联书店	
	（北京市东城区美术馆东街 22 号 100010）	
网 址	www.sdxjpc.com	
图 字	01-2018-6774	
经 销	新华书店	
印 刷	北京隆昌伟业印刷有限公司	
版 次	2021 年 1 月北京第 1 版	
	2021 年 1 月北京第 1 次印刷	
开 本	787 毫米 × 1092 毫米 1/32 印张 5.75	
字 数	80 千字 图 174 幅	
印 数	0,001 - 8,000 册	
定 价	39.00 元	

（印装查询：01064002715；邮购查询：01084010542）

目 录

NEWTON

Qui genus humanum ingenio superavit.

"他的天才超越了所有人。"

剑桥大学三一学院的教堂门厅里有一尊牛顿雕像。诗人华兹华斯从枕头上看到它沐浴在月光下，于是写道：

"……牛顿，手持棱镜，脸色平静，大理石象征着一个永远航行在陌生的思想海洋上的孤独灵魂。"

到了华兹华斯的时代，牛顿从血肉之躯，完全转变为一位主持工业革命的冷峻半神。

"一以贯之的勤劳、耐心、谦卑、节制、温柔、人性、仁慈和虔诚，没有沾染任何恶习。"

——约翰·康杜伊特

从一个把自己的名字刻在窗台上的害羞学童，到一个在后来几个世纪留下不可磨灭印记的人，这是一条极为漫长的路。我们必须回溯到文明的开端，去寻找最终改变了世界的科学革命的源泉。

重要的思想

我们的故事从日常生活中简单的实际活动开始。

数字，用于计算收获。

那是算术。

耕地面积。

那是几何学。

谷物的体积。

最重要的是一个字母表，还有会写字的人（以及一个将字母表全部写下来的人）。

在尼罗河两岸

埃及人与天体有着密切的关系，而且依靠尼罗河季节性的泛滥为他们的土地带来肥料。这些土地根据面积征税。每年都有必要检查土地是否被洪水冲刷过并以此确定精确的税收。

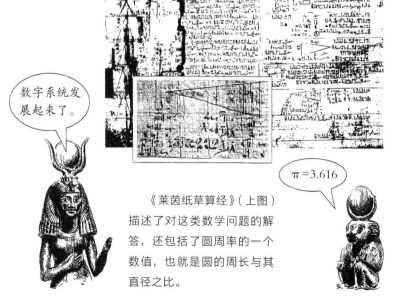

《莱茵纸草算经》（上图）描述了对这类数学问题的解答，还包括了圆周率的一个数值，也就是圆的周长与其直径之比。

在巴比伦两条河边

在底格里斯河和幼发拉底河灌溉的肥沃土地上，有一个文明成长了起来，它记录了几千年来的天体运动。巴比伦人有一个基于 60 进制的数字系统，从而能够计算非常大的数字。这个系统借由每 60 秒为 1 分钟、一个圆周为 360 度而仍然依稀可见。

巴比伦的推算肯定比埃及更先进，但它仍然只是一套类似处方的面积计算规则，并没有证明。在出现新问题时，没有可用的逻辑方法。

对于以证据为基础的演绎体系，我们只好等到一个人的归来；他曾在海外的祭司以及拜火教信徒中间游历 34 年，后来回到了希腊萨摩斯岛。他把数字从一种有用的工具转变成了生活的核心基础。他称他的新哲学为 μαθηματικη（数学）。当他第一次在一座山上讲道、提出他的想法时，有八百人离开他们的住所和家庭跟随他。

万物皆数

他在埃及研究秘术。

也跟迦勒底人学习。

他是太阳神阿波罗的儿子。

不，他的父亲是那个重要的公民姆涅撒库斯。

有男人，有神，有我这样的人。

毕达哥拉斯是爱因斯坦和精神领袖的结合体。他提倡的宗教基于灵魂轮回和吃豆子有罪。他向动物传教。

毕达哥拉斯，公元前572—前480年

万物生来就应该被平等对待。

整个天堂是数字与和谐。

包括妇女。

那猫呢？

毕达哥拉斯发现了数字和音乐之间的联系：音符的音高取决于产生它的弦的长度。

在他创立的社团中，男女平等，财产共有，甚至是数学上的发现都属于集体。

诸行星在太空快速运行时发出的声音，混合成一种音乐，"天体的和声"。这种和声很快就从内部受到干扰。

无限疑云

我们之所以一直说奇数或偶数，或者说数的平方和立方，皆因毕达哥拉斯。但他最为人所知的却是*毕达哥拉斯定理*。这个定理将会摧毁他的秩序。

斜边的平方

毕达哥拉斯定理就是指直角三角形斜边的平方等于另两边的平方和。3^2（3的平方）+ 4^2（4的平方）=9 + 16 = 25。斜边 =$\sqrt{25}$（25的平方根），所以斜边 = 5。

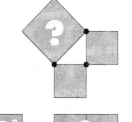

一位名叫希帕索斯的毕达哥拉斯门徒在乘船旅行时认为，找到正方形的对角线将是一种无害的消遣。

1^2（1的平方）+ 1^2（1的平方）= 1 + 1 = 2。对角线 =$\sqrt{2}$（2的平方根），可2的平方根是多少？

将2的平方根用分数（两个整数的比值）来表示的所有尝试都失败了。没有这样的比值，2的平方根是无理数。它肯定是一个数字，正如它有长度，但它写不出来。

希帕索斯被从船上抛下，门徒们宣誓保密，但损害已经发生。万物皆数，但不是所有数都可以用数字表示。奇数和偶然仍是数字，但无理数破坏了天球的和谐。

> 无理数不是真正的数字，而是隐藏在无限之云中。

米歇尔·施蒂费尔
《整数算术》，1544

化圆为方

为什么会有人想把一个圆圈改成正方形?

还只用尺子和圆规。

无理数问题可以通过把所有的数字当作长度来回避,但是 2 的平方根并不是古希腊人唯一的麻烦。古希腊最聪明的学者努力了数百年,试图在保持面积不变的情况下把圆形改为正方形。

这个问题归结于要确定圆的周长与其直径的比率。这个比率叫圆周率 π。

尽管那些最优秀的希腊数学家一再努力也没能化圆为方,接下来两千年里也没成功,但在一百年前,它终于被证明了是不可能的。

学会了几何学,我能得到什么?

奴隶,给这家伙一分钱,因为他要从他的学习中获利。

欧几里得,公元前 300 年

希腊人鄙视功利,实际上柏拉图认为,有辱人格的贸易应作为犯罪论处。通常他们不遗余力地思考不可能的问题。其中的一项副产品是一系列无用的曲线 —— 通过从不同的角度切割锥体产生。

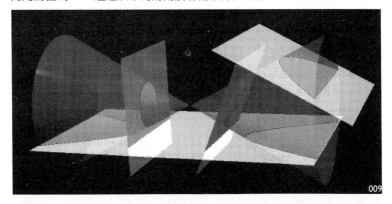

圆锥曲线

圆

　　一条闭合的线（圆周），线上各处到固定点（圆心）具有相同的距离（半径）。

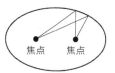

椭圆

　　由一个移动点画出的轨迹曲线，在移动时这个点到两个固定点（焦点）的距离之和保持不变。

抛物线

　　由一个点画出的轨迹曲线，在移动时这个点到一个固定点（焦点）的距离等于它与给定直线（准线）的距离。

双曲线

　　由一个点画出的轨迹曲线，在移动时这个点到一个固定点（焦点）的距离与它到一条固定直线（准线）的距离的比例为大于 1 的常数。

穷竭法

谈到副作用，进一步的深入思考抛出了一个更可怕的问题：无限。

诡辩学者安提丰（约公元前 430 年）试图通过用三角形填充圆形来确定圆的面积。这样他就可以把许多三角形的面积加起来得到圆的面积。他先刻下一个三角形。然后，他用越来越小的三角形来填补剩下的空间，直到空间被"穷尽"。这只有一个麻烦。

首先在圆内画一个内接三角形。

他就是不知道该什么时候停下来。

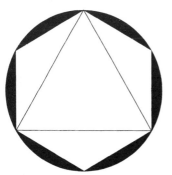

然后用较小的三角形填充剩余空间，直到该空间区域被穷尽。

巨物进入凡人的生活，必然带来诅咒。

万变不离其宗

芝诺是巴门尼德和他"存在是一"学说的追随者，他打算证明"多"并不存在。芝诺因为叛国罪而丢了脑袋，但他首先提出了一系列不朽的悖论。"阿基里斯悖论"是其中之一。

> 这些悖论是被年轻人偷走的，未经我的同意就公布了。

芝诺，公元前495—前435年

> 一个无穷的系列，定义是不可穷尽的，怎么能穷尽呢？

> 我的力量是不会穷尽的！

阿基里斯是他那个时代跑得最快的人，他试图抓住一只乌龟。但当他到达了乌龟开始逃跑的地方，乌龟已经往前爬了一段距离了。而在阿基里斯到达那个新位置的这段时间里，乌龟又继续往前爬了，如此反复无限循环。阿基里斯与乌龟之间的距离将持续减少，但永远不会完全消失。跑得快的却永远追不上跑得慢的。

> 在飞行的每一个瞬间，我都在静止。

> 无限震撼了我们的大脑，最大的脑袋也才大约6英寸长、5英寸宽、6英寸高。

阿基里斯悖论和芝诺的其他悖论让希腊人感到困惑，他们被"无限的恐惧"弄得无能为力，直到阿基米德出现才获得拯救。

伏尔泰，1694—1778年

尤里卡！

阿基米德，公元前287—前212年

阿基米德最为著名的事迹是，当他发现浮力定律时，去街上裸奔了。

他没有用无穷小的数字，而是当数字变得"让我们满意的小"时就停止，从而绕过无限的问题。

他同时使用穷竭与压缩算法，通过连续地增加多边形的边到 96 条，他计算出了 π 值大于 $3\frac{10}{71}$，同时小于 $3\frac{1}{7}$。

我对这个结果点赞！

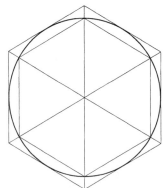

穷竭法从圆内的一个多边形开始。

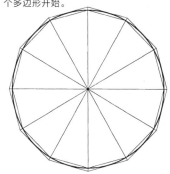

压缩算法把多边形置于圆的外侧。

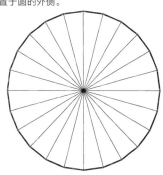

几何游戏

给我一个能站住的地方，我可以拉动整个世界。

阿基米德是天文学家费狄亚的儿子，也是叙拉古国王希耶隆的密友。他在那个时代因为伟大发明如杠杆和滑轮装置而闻名于世。他可以用一只手在陆地上拉动装满了人的叙拉古最大的船。

普鲁塔克

"然而，他不会屈尊于在他身后留下关于这些学科的任何著作，因为他把可以直接付诸实用和谋利的任何机械和每一项工艺都视为卑贱和贪婪的。他把全部的雄心放在这些美丽和微妙的沉思上，这些都未受生活的一般需求的扰乱.而保持纯洁。"

公元前 212 年，罗马军队在马塞卢斯的指挥下围攻叙拉古。罗马人被阿基米德巧妙的机械阻挡在城外。他用一个巨大的抛物面镜子把太阳的光线聚焦在敌人的舰队上，使其起火烧毁。

马塞卢斯

他就像神话里的百手巨人，一下子就向我们投掷出雨点一样多的炮弹。

这只是几何学分支的游戏。

原创思想之死

罗马舰队假装撤退，但他们在女神戴安娜的节日期间秘密返回，并且攻破了城墙。叙拉古人那一整天都在饮酒作乐和开运动会。

"阿基米德经常会忘记吃饭，甚至会在一定程度上忘了自己，当他偶尔被特别暴力地拽去洗澡或往他的身体涂香膏时，他都用来想几何问题，他用火的灰烬画图，也用涂在他身上的香膏画图，随时都处在全神贯注的状态。"

—— 普鲁塔克

由于没有意识到这座城市已经被占领，当一个身影落在他的图上时，阿基米德正在全神贯注地计算。

著名的遗言

别弄坏了我的圆。

这是数学史上唯一出现过的一个罗马人。耽于理论的希腊人，与他们对抽象科学的热爱一起，在注重实际的罗马人领导下的欧洲被取代了。

杀死阿基米德的罗马士兵是由罗马导致的整个希腊世界原创思想消逝的象征。

"没有任何一个罗马人曾经在沉思数学图形时被砍了头。"

—— 怀特海

伯特兰·罗素

墓志铭

自然和自然定律，

隐藏在黑暗之中。

上帝说，*让牛顿来吧！*

于是一切变为光明。

亚历山大·蒲柏，1688—1744 年

瘦小的早产儿

1642 年的圣诞节，刚刚过午夜，艾萨克·牛顿在林肯郡的伍尔索普庄园出生，他是一个早产儿。

我出生的时候个头太小了，他们可以把我放在一夸脱的杯子里。我当时太虚弱，以致有人说我不太可能活过当天。

这也是那位颇具争议的意大利物理学家伽利略去世的那一年。

不，并非如此！

我们英国人宁愿跟太阳不一致，也不愿与教皇达成一致。

永远不同意！

在有进取心的意大利，当天已经是 1643 年 1 月 4 日了！教皇最近推出了一种新的、更准确的历法。但英国人没有用它。

今天是什么日子？

问题出在儒略历的一年太长，多了 11 分 12 秒。到了 16 世纪，春分日期已经比实际推迟了十天，连应该在春天的复活节日期都错了很多，快到夏天了。

一位那不勒斯的医生找到了解决方案。

我来介绍，7 月（July）是我的月份。

儒略·恺撒，公元前 100—前 44 年

我的处方是在世纪之交的时候放弃闰年，除非那个年份可被 400 整除。

路易吉·利利奥——去世于 1576 年

对了！这就是我的历法，我要立即从今年里拿掉十天。

教皇格里高利十三世

他们制定的日历跟以往不一样了！

绝不让教皇取消我生命里的日子！

教皇的阴谋诡计！

如果儒略·恺撒大帝认为以前的历法好，那我就认为不用改！

新的"格里高利历"在德国、丹麦和挪威直到 1700 年才被接受，在英国和瑞典是 1743 年，在日本是 1873 年，在中国是 1912 年，在俄国是 1918 年，在希腊是 1923 年。

牛顿的童年

牛顿的生活在婴儿期已经蒙上不幸色彩。他的父亲，也叫艾萨克，"一个粗野、放肆又软弱的"自耕农，在他出生前就已经死了。

牛顿3岁时，他的母亲汉娜再婚了。她的新丈夫是北威瑟姆教区63岁的巴拿巴斯·史密斯牧师，她搬到了他的教区。

小牛顿留在了伍尔索普，由他的外祖母抚养。如果他的父亲还活着，他可能永远不会接受教育。

上学了

12岁时，牛顿被送到了格兰瑟姆的学校。这是一所14世纪时由英王爱德华六世建立的免费文法学校。这类学校之所以称为文法学校，是因为它们主要教拉丁语法。

拉丁语、一点儿希腊语、拉丁语、拉丁语《圣经》、更多拉丁语，没有数学。

这挺简单的。

拉丁语是一种语言

死难死难的

先是难死了古罗马人

现在又难死了我

牛顿证明他能自学数学，但没有拉丁语，他就会永远无所作为。拉丁语是欧洲学术界的通用语言，所有重要著作都是用拉丁语写成的。牛顿精通拉丁语，他读写起拉丁语来就跟英语一样流利，这样他就能读懂那些著作。后来，他又用拉丁语发布了自己的发现，流传到整个欧洲。

风车

在学校里，只要他把心思放在学习上，牛顿就会领先。但他经常忽略学业，痴迷于奇怪的发明，并且显示出了"在机械方面的非凡才能"，甚而在本应不工作的安息日也不休息。

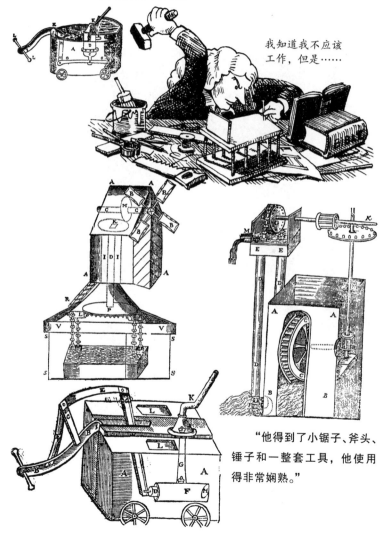

我知道我不应该工作，但是……

"他得到了小锯子、斧头、锤子和一整套工具，他使用得非常娴熟。"

自然与技艺

有两本书启发了他，并且将永久地影响他的一生。第一本是约翰·贝特《自然和技艺之秘密》。它所培养的方法——应用型实验、工艺、化学、分析方法、分门别类——都使牛顿终身受益。

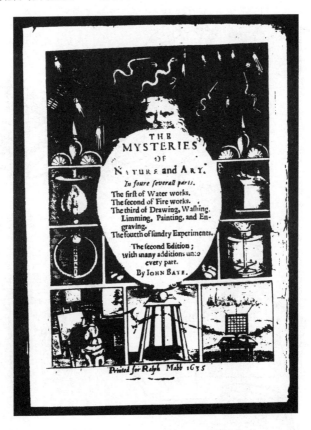

第二本是空白的，那是他花了两个半便士买的笔记本。牛顿从一头记下了贝特那本书的笔记，从另一头按字母顺序列出了各种不同的标题：Artes（技艺门类）、Birdes（鸟类）、Cloathes（服饰），诸如此类。这种对信息的仔细组织和分类将成为牛顿成熟的标志。这个笔记本的内容包罗万象，其中第一项描述了如何制造一个日晷。

现在几点了？

在科斯特沃斯教堂的风琴后面的墙壁上装着一块石头。

"牛顿9岁时用小刀刻了这个日晷。"

在格兰瑟姆，牛顿借宿在药剂师克拉克先生家里。他在房子里放满了各种日晷。

"在住处的院子里，他会用楔子标记出每小时和每半小时的影子位置，那是他在几年的观察里逐渐完成的，他做得非常准确，任何人都能根据牛顿的日晷知道是什么时间。"

牛顿对太阳运动的迷恋从未消退。在他晚年时，如果你问他时间，他会去看阳光的影子，而不是去看时钟。

到我该理发的时间了。

烟花

你必须拿一块长度为一码或更长的亚麻布；必须切割成一块窗户玻璃大小；把两根很轻的棍子交叉固定在亚麻布上，使其边缘竖起；然后涂抹上亚麻籽油，再抹上清漆，或者用皮油润湿，然后在长端的角落系上用硝石水浸过的火柴，在上面你可以固定上不同的彩色烟花或爆竹；在它们两两之间绑上一串纸花，这会使风筝飞得更好；然后系上一根足够长的细绳，把它升高到你想要的高度，然后牵着它……

奇怪的发明

……然后点燃火柴，并在空旷的地方迎风升起；当火柴燃烧时，它会点燃烟花和爆竹，这将在空中发出许多爆炸声；当火焰烧到引线时，就会点燃布料，这种布料会燃烧得非常奇怪而且可怕。

当黑夜降临之后，牛顿会偷偷溜出来，在村庄上空放飞他那会爆炸的风筝……

……在一段时间内，这让所有邻近的居民大为惊慌，在赶集的日子里，乡民们一边喝着麦芽酒一边议论纷纷。

严肃静思的小伙子

药剂师的继女斯托勒小姐，晚年声称曾与少年牛顿有过一段恋情，牛顿为她和她的朋友们制作了过家家游戏的家具。

> 他是一个严肃的小伙子，总是在沉思，很少见他到外面跟别的男孩子一起玩。

不过，他并不是娘娘腔。她特别记得她的兄弟阿瑟和少年牛顿打过一架。

"尽管牛顿不像他的对手那么强壮，但他有更强的精神和决心，因此他击败了对手。牛顿拉着对手的耳朵，将他的脸贴到教堂的墙上，让他像懦夫一样把鼻子贴在墙上。"

> 也许我应该发明喷雾罐。

打官司中的极端彻底性也将是他一个持久的特征。但是当他面对墙壁时，他通常的行为就是在上面画画。鸟类、人、船舶、植物、约翰·多恩、校长斯托克斯、圆周和三角形，还有国王查理一世。

第一项实验

但不需要国王。

奥利弗·克伦威尔，1599—1658 年

艾萨克·牛顿的童年是在军事独裁统治时期度过的——克伦威尔的新模范军称为圆颅党。他们为议会权利而战，而不支持在英格兰拥有最高权力的君主制。但是，克伦威尔在内战中击败效忠君主的骑士党之后，把议会解散了！

把那个傻乎乎的笨蛋玩意儿拿走，就是那个国王权杖。

就像条不会叫的狗。

比以前跳得远了一英尺。

在克伦威尔去世的那天，一场大风暴席卷了英格兰。乡下人说魔鬼正在驾驶风暴来带走克伦威尔的灵魂。牛顿跳了起来，但不是因为高兴。他通过顺风和逆风起跳的变化来测量风暴的力量。

"他的同学普遍对他不太亲近。对他们来说，牛顿在一切事情上都太聪明了。他们太了解他了，也最不尊重他。"

更糟糕的是，他的母亲还彻底把他从学校带走了。

低级工作

当牛顿 17 岁时，家人想让他当个农民。

我能忍受如此低级的工作。

在赶集的日子里，他贿赂他的仆人去跑腿儿，自己却跑到药剂师的家里—— 那里有一大堆书。这些书是由药剂师的兄弟克拉克博士留下的，他是剑桥三一学院亨利·莫尔的学生。

他离开仆人和马匹，去拿了很多书。

这是他的美餐，只是想不起来吃晚饭了。

他甚至还有过一次犯罪记录。

因为你让绵羊破坏了大约 23 弗朗的围桩，你被罚款 3 先令 4 便士，还有两件事儿要再罚款 1 先令，一是你让猪擅自进入玉米田，二是因为你的篱笆没有修好。*

* 弗朗 (furlong)，英国长度单位，1 弗朗大约等于 200 米。先令、便士，英国货币单位。——译者注

老师的宠儿

牛顿越来越心不在焉、脾气暴躁、爱争执。最后，他的舅舅威廉和斯托克斯校长说服牛顿的母亲，将他送回格兰瑟姆中学为上大学做准备。

在中学的最后一天，他被当作一个光辉的榜样让大家学习。

他的天才现在开始向更高的地方攀升，将会闪耀出更大的力量。他特别擅长写韵文。在他做任何事情的时候，都能发挥全部才情找到规律，超过了我对他抱有的最乐观的期待。

国王复辟

牛顿住在林肯郡的最后几个月里，教堂的钟声宣告了君主制的复辟。共和政治与克伦威尔一起死去了。城里的商人和土地所有者达成了协议。君主制复辟，标志就是查理一世的儿子登基成为国王查理二世。但现在王权受到严厉制约。例如，国王再也不能自己增加税收或任意下令逮捕谁了。

查理一世，上帝所立的国王

查理二世，地主和商人所立的国王

大多数人都乐于看到清教徒统治的终结……

动荡的剑桥

　　牛顿离开了林肯郡的平静乡村，前往剑桥大学三一学院。他来到这里发现大学里一片喧嚣。正如牛津是君主制的家园一样，剑桥一直是清教主义的家园。在克伦威尔的统治下，所有保皇党校长和教员都被淘汰出局。现在他们又心满意足地回来了，清教徒的圆帽子迅速被传统的方形学位帽取代。

1659

1660

他们解决了一个古老的数学问题。

为什么，夫人，他们已经化圆为方了。

怎么会这样?

　　剑桥大学是如何接待这位将成为它历史上最杰出学生的 18 岁青年的?

减费生

牛顿被录取为汉弗莱·巴宾顿的减费生。巴宾顿是药剂师夫人克拉克太太的兄弟。他是一个强大的人，是管理三一学院的八位教员之一。

你是我的减费生，牛顿先生。

我什么时候才有时间学习呢？

减费生，也就是贫穷的学者，被认为处在大学生活的最低等级。他们要承担侍从和仆人的职责。除了给他们下命令以外，其他学生都不愿意被人看到跟他们交谈。在餐厅里，他们只能吃剩饭剩菜。

根据我的计算，这是像狗一样的生活。

幸运的是，巴宾顿一年只有五个星期住在学校里，所以牛顿有足够的时间来自学。然而，他的研究老是被一个不守规矩的室友打扰。牛顿此时18岁了，比一般学生大四岁，那些学生把大量时间用在了寻欢作乐上。

密友

尼古拉斯·威金斯是这样描述他父亲约翰在三一学院的第一天和一次历史性的会面的。

"我父亲对他第一个室友的印象是非常不愉快的,他有一天逃离寝室去散步,发现牛顿先生既孤独又沮丧;交谈之后,他们发现他们逃离寝室的原因是一样的,因此一致同意摆脱当时各自糟糕的室友,搬到一起住。他们尽可能快地做到了这一点,并且在我父亲在学院求学期间一直住在一起。"

两人共用一个房间长达二十年。人们对威金斯知之甚少,不过他对牛顿来说是无价之宝。他不仅做了杂务,还帮助牛顿做实验并誊清文本。尽管牛顿在三一学院生活了二十八年,但威金斯是他唯一真正的朋友。换了房间后,是时候继续他的学业了。

官方课程

剑桥大学当时的官方课程在一个世纪前是法律规定的最新事物。它始于作为亚里士多德哲学研究基础的（亚里士多德）逻辑学、（亚里士多德）伦理学和（亚里士多德）修辞学，终于亚里士多德式的辩论——最好引用亚里士多德自己的话。

我听着觉得挺好的。

斯塔基拉的亚里士多德，公元前384—前322年

非常快！

挺清新的！

但是到了 1661 年，剑桥不再是进步的了。欧洲哲学已经前进了，并将英国抛在了后面。这种落伍的知识课程没有被太认真地对待。有的大学教员甚至都不屑于指导学生。

亚里士多德

好湿！

学生贩子！ *
（Pupil Monger）

*牛顿的导师普莱恩（B. Pulleyn）被称为 a "pupil monger"，意思是他为了增加收入而接受额外的学生。——译者注

034

亚里士多德所主张的世界观已经存在两千年了—— 可它是错误的。它超越了更接近真相的其他古希腊思想的原因，是它看起来更符合常识。

> 地球在绕着太阳运动。

> 胡说八道，地球是不动的，而且是宇宙的中心。

日心说学者阿利斯塔克，公元前310—前230年

亚里士多德

> 一些历史上的残骸偶然逃脱了时间的沉船。正如海难时漂浮的残骸和垃圾，最轻浮的想法漂上了水面，所有那些坚实而有价值的东西却沉没了。

因为没有人被甩到太空里，人们认为亚里士多德一定是对的，特别是当他用一套复杂的运动理论支持他的思想时。他说，使物体运动的原因是它们渴望去它们"恰当的位置"……

弗朗西斯·培根，1561—1626年；他是圣奥尔本子爵，也是这类事界的专家

物理

物理（physics）这个词来自希腊语 *physis*，意思是自然本性，但不是我们现在理解的那样。事物的*本性*是它的终点，即它存在的原因。那些东西是*自然的*，源于内在的原则，通过连续运动，会达到某种完满。

当狗咬住骨头的时候，狗在运动而骨头保持静止，而且这个运动有其目的，即实现狗的物理或自然本性。被狗吃掉是骨头的自然本性。

宇宙被分为两个不同的领域。下方，即在所谓的月下世界之内，*自然运动*画出指向地球中心的直线。例如，大炮射出的炮弹将以直线（*强迫运动*）飞出直到它力尽，这时它就垂直下降以寻求其自然位置（*自然运动*）。

水晶球

天上有行星和恒星，有太阳和月亮。它们的*自然*运动是圆形的、完美的、连续的和无限的。每个行星都固定在一个不停旋转的水晶球层上，后者围绕着静止的地球转动。水晶球体内的各球层不同方向旋转的组合产生了行星在天上的复杂路径。

……如何建造、推倒，反复设计为了拯救现象，如何安排一重又一重的同心和偏心球，一个又一个本轮和均轮，一个又一个天体。

如果上帝在创造世界之前咨询我的话，我会推荐一些更简单的东西。

阿方索十世，1221—1284 年

亚里士多德时代的雅典是一个民主国家，但民主权利并没有赋予所有人。公民可以把时间花在文化上，因为奴隶承担了所有工作。这样就造成了偏见。像实验这样的实践性事务严格限定于下层阶级。拒绝仔细观察和测量将古代的"自然哲学家"与新时代的"自然科学家"区分开，当牛顿进入剑桥大学时，这两派观点即使不在课堂上，也都在剑桥的学术氛围中存在。

哥白尼开始了新的思想运动，虽然他本人还是相当老派。

行星

没有什么是几个本轮修正不了的。

克罗狄斯·托勒密，120—190年

行星（planet）这个词来自希腊语，意思是"游荡"。行星确实会游荡，在向东漂移的过程中有时会放慢速度，停下来，甚至在奇怪的循环路径中向后退（逆行）。

亚历山大城的托勒密建立的模型完善了希腊宇宙学，使天文学家能够"拯救现象"，即用一个在轮子上镶嵌轮子的复杂系统，完全用圆周运动重现各行星的不规则路径。

合理的排列

> 我经常好奇，是否可能找到一个更合理的圆周排列。

尼古拉·哥白尼，
1473—1543年

尼古拉·哥白尼不满意行星运动速度不均匀的托勒密体系。

他同意亚里士多德的观点，即行星应该在完美的圆周上以均匀的速度运动。

这位波兰的天文学家不是一位好的观测家。他平均每年观测星空甚至还不到一次。在博洛尼亚大学求学期间，他听说过阿利斯塔克的理论，即地球围绕太阳运动。阿利斯塔克的所有著作都已经失传了，但他的想法幸存了下来，因为亚里士多德花时间进行了反驳。

如果所有的行星都绕着太阳而不是地球旋转，它们的逆行运动就很容易解释了，但是为了使这个系统与观测相吻合，哥白尼仍然不得不从形式上使用托勒密的本轮和均轮。

他的新系统需要46个圆周才能解释行星的芭蕾舞，而托勒密只需要27个圆周，这就很难称为简化。何况它也不是以太阳为中心的，这个宇宙的中心位于地球轨道环绕的中心位置，是太空中离开太阳有一段距离的一个点。不过，它开始激励其他人去寻找真正的答案。

火星运动

就像把清洁的水倒进满是尘土的一口井，不仅尘土被搅动不安，水也都浪费了。

　　由于担心会产生争议，哥白尼将他的著作束之高阁三十年。但流言已经传开了。1539 年，一位名叫雷蒂库斯的德国年轻的数学和天文学教授站在了哥白尼的门口，他想亲眼证实一下传闻。

我来到极为偏僻的大地边缘。

格奥尔格·乔基姆·雷蒂库斯，1514—1576 年

　　雷蒂库斯得到允许可以阅读手稿。他花了十星期时间才读完。火星特别令人困惑。雷蒂库斯向上帝祈祷寻求帮助。一个天使出现了，抓住他的头发，把他的脑袋交替地撞在天花板和地板上，说道："这些就是火星运动。"雷蒂库斯感到震惊，但他很坚决地承担了在纽伦堡出版这本书的任务，进行到一半时，他突然被逮捕入狱了。

啊！意大利的变态。

因为他学了太多希腊语了。

天球运行论

出版工作由路德派的联合创始人奥西安德尔接管，他加上了自己写的序言——

"谁也不要指望能从天文学中得到任何确定的东西，除非在结束这项研究时，相比刚刚开始研究，他变成了一个更大的傻瓜。"

哥白尼临终前在病床上收到了第一份印刷版。奥西安德尔的序言没能帮他恢复健康，他不仅离开了天文学研究，同时也离开了这个世界。

哥白尼对出版和争议的畏惧是不必要的，第一版从未售罄。该理论至少没有让教皇心烦，但它确实冒犯了马丁·路德的常识。

马丁·路德，1483—1546年

一位新的占星家想要证明是地球在运动和旋转，而不是天空、太阳和月亮在转。就像有人坐在马车中赶路，坚持认为他是静止的，而大地和树木在走路和移动。荒谬！

他刚才已经阐述了相对性原理，可立即又否定了它。

《天球运行论》不是一本革命性的书。哥白尼没有试图抛弃亚里士多德和托勒密，而是为了拯救他们。但重要的是，他是第一个用运动的地球完成一致系统的人，即使这是错误的。

关键

只有很少人实际阅读过哥白尼的书籍,其中之一是一位德国天文学家。

我相信我发现了宇宙的关键。

就是这个 ➤

约翰尼斯·开普勒,
1571—1630 年

约翰尼斯·开普勒是个早产儿,童年时体弱多病,近视,看东西还有重影(视物显多症)。他一直患有溃疡及胃和胆囊方面的问题,以及痔疮、皮疹、疥癣和寄生虫。他一度以为自己是一条狗。

天啊!

开普勒对天空的兴趣很早就开始了。在他九岁之前,他曾见过一颗彗星和一次月食。他经常想知道为什么只有六颗行星,后来在 1595 年 7 月 9 日,他发现了原因。

正多面体

毕达哥拉斯发现了宇宙数字的组合。

这些正多面体每个面都一样，而且是正多边形。由于几何定律限制，这样的多面体只有五个。

正立方体是完美对称的，可以放进一个球体之内，它的每个角都位于球的内表面上。

同样，一个正多面体可以包含一个球体，球体顶住正多面体每个面的中心。

开普勒想到，它可以把五个正多面体插入六颗行星的轨道之间。他为这个想法迷醉不已。

吻合

开普勒在 26 岁时解开了宇宙的谜团，并把他的发现写成《宇宙的秘密》（*Mysterium Cosmographicum*）一书公之于众。

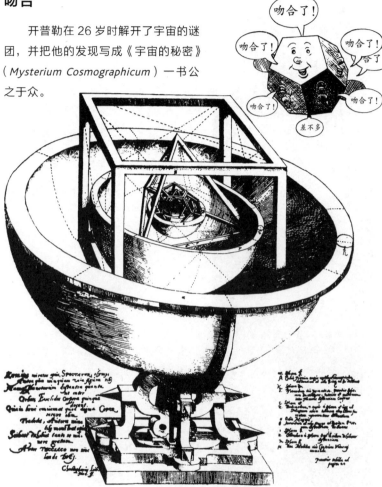

如果是一位老派的天文学家，会耽于这种优雅而成功的妄想。但开普勒希望以一种完全现代的方式继续推进，通过准确的观察来检验他的理论与现实是否相符。

见到第谷

1598 年，在一场清除新教徒的狂飙运动中，开普勒被驱逐出奥地利，失去了工作。不过他高兴地接受了丹麦贵族第谷·布拉赫的邀请，一起住在布拉格郊外的班那特克城堡，特别是因为他需要第谷的天文观测数据来完善《宇宙的秘密》。

布拉格这座城市的恶臭就足以把入侵的土耳其人赶跑了。

芭芭拉·开普勒太太

我知道他想要什么。

万分欢迎。

当我拿到他那些数字之时，我的一切问题都将迎刃而解。

百万分感谢。

我知道他想要什么。

你要关注火星。

你真是太好了。我八天之后把它算出来。

我知道他想要什么。

吉佩，拥有超常视力的侏儒

第谷拥有最好的观测数据，因而那些材料是建造新大厦的必需品。他只差建筑师来发现隐藏于其中的真相。

第谷要求开普勒对付被认为是最难处理的行星——火星，哥白尼讨论火星时用到了七个本轮。开普勒承诺在八天之内就能获得解决方案，甚至愿意为此打赌。但他注定要与火星贴身搏斗八年之久。

超新星

第谷十几岁时开始观测星空，他发现了行星运动标准权威数据的误差之大令人震惊，阿方索星表差了整整一个月，连哥白尼的数据都错了几天。他决定收集最新的、精确的、连续的观测数据。

> 我已经建立了第一套真正精确的仪器，我还自己编写数据表格。

> 他可以通过他的鼻子进行观察，不需要别的仪器。

第谷在跟一位训练有素的数学家格斗时失去了鼻子，所以他装上了用金属制成的新鼻子。

第谷·布拉赫，
1546—1601年

乌尔苏斯，*
他的主要竞争对手

* 这个名字的本义就是"熊"。
——译者注

1572 年，第谷注意到了仙后座中出现了一颗新星，它非常明亮，在白天都能看到。他简直不敢相信自己的眼睛。

> 你看见我看见的了吗？

> 我都不知道什么时候还发生过。

> 我预见到各类罪恶、糟糕的天气、瘟疫和法国人。

> 其实是公元前 125 年。*

* 古希腊有人记载过新星。
——译者注

密切观察星空

在整个欧洲，主流的天文学家当时使用的最精确的技术不过如此……

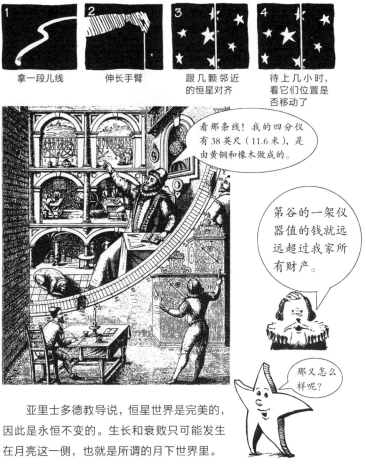

1. 拿一段儿线
2. 伸长手臂
3. 跟几颗邻近的恒星对齐
4. 待上几小时，看它们位置是否移动了

看那条线！我的四分仪有38英尺（11.6米），是由黄铜和橡木做成的。

第谷的一架仪器值的钱就远远超过我家所有财产。

那又怎么样呢？

亚里士多德教导说，恒星世界是完美的，因此是永恒不变的。生长和衰败只可能发生在月亮这一侧，也就是所谓的月下世界里。

为什么第谷这么兴奋？因为如果这颗新星可以被证明位于恒星之中，天界就存在变化，那就与亚里士多德的教条是矛盾的。第二年，他出版了一本书《论新星》（*De Stella Nove*）。一页又一页的"顽固的硬核事实"证明了这颗新星的位置毋庸置疑。

完美不变

在 1577 年，他又向亚里士多德发起了一次攻击，证明那一年的大彗星不是月下世界的现象，所在位置距离之远是月球的"至少六倍"。

第谷精神上胜利了，但他的肉体很弱。他的膀胱在 1601 年的一次豪华宴会中丧失了功能。他在一次又一次的谵妄中死去，整个晚上他不断重复："别让我白活一场。"

唯一不变的是变化

开普勒立即占有了第谷庞大的观测数据。他还接任了神圣罗马帝国皇帝鲁道夫二世的皇家数学家一职，这位皇帝是查理曼大帝的继承人。

除了偶尔停下来为布拉格贵族画画天宫图之外，开普勒现在可以稳步推进。他提出了行星运动三定律，一段时间之后，这三个定律将成为牛顿定律的基础。

顺便一提，我建立了现代光学。

他是第一个正确解释眼睛如何工作的人。

还有我。

以及我如何工作。

还有我们。

照相暗盒

他写出了光线传播的平方反比律。但一直以来，是火星占据了他生命中最重要的位置。

梦游者

火星就这样占据了我的头脑，我差点儿就疯了。

差点儿而已吗？

　　单单火星轨道的计算就占据了 900 个对开页，上面全是蝇头小字。开普勒陷入了可怕的混乱状态，犯下了相互抵消的多种错误，错误地解释了错误，在漆黑的小巷中挣扎了很多年，最终才跌跌撞撞地发现了真相。亚瑟·凯斯特勒把这段历程描述为"科学史上最不可思议的梦游行为"。

是什么让开普勒，这位探究宇宙奥秘的神秘主义者，如此吹毛求疵、一丝不苟？

他已经把现实世界的物理因果关系带入了天空的抽象几何之中。

计算变得更容易

进行这些天文计算的帮手已经有了。

一位苏格兰男爵做了一件非常漂亮的事儿,他把所有的乘法和除法都转换成了加法和减法。

一位数学家仅仅因为计算变容易了就像孩子一样欢呼是不合适的。

开普勒的数学老师
迈克尔·马斯特林
1550—1631年

这项技巧是用对数完成的,是梅奇斯顿勋爵在位于爱丁堡附近的城堡里独居的二十年间发展出来的。原理是把上面的算术数列与下方的几何级数对齐。

0	1	2	3	4	5	6	7	8
1	2	4	8	16	32	64	128	256

为了计算8乘以32,就要把下方一行的数字8和32换算成上方的数字。8变为3,32变为5。把3和5相加,得8。再把上一行的8换算到下一行。如此8乘以32答案就是256。

约翰·奈皮尔,第八代梅奇斯顿勋爵,1550—1617年

奈皮尔本人认为他最重要的作品是《圣徒约翰全部启示的彻底探索》。

我用欧几里得几何学的方式证明,教皇是反基督者,而且世界末日将在1786年到来。

计算尺又被称为奈皮尔的骨头。

宇宙的形状

经过八年的计算，开普勒终于得出结论，火星的路径根本就不是一个圆周。

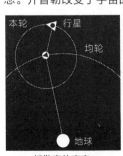

火星的轨道是卵形的——也就是一个椭圆，太阳位于其中一个焦点上。开普勒一下子把哥白尼的七个本轮简化成一条优雅的曲线。

就像海格力斯清洗奥革阿斯王的牛圈一样*，开普勒清除了天文学里的本轮。他留下了"一车粪便"——一个椭圆。

哥白尼已把地球宇宙中心的位置废黜了，让它跟其他行星一起游荡，但开普勒独自挑战了亚里士多德关于完美行星只能在完美圆圈上运动的观念。开普勒改变了宇宙的形状。

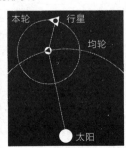

托勒密的宇宙　　　哥白尼的宇宙　　　开普勒的宇宙

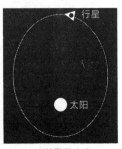

*古希腊神话中，大英雄海格力斯完成的十二项任务之一。奥革阿斯王的牛圈里养牛三千头，三十年未曾清扫，海格力斯引来河水在一日内清扫干净。——译者注

开普勒第二定律

开普勒抛弃了哥白尼的另一个中心假设，即行星以恒定的速度运行。

他注意到，当一颗行星远离太阳的时候，它会减速，当它靠近时会加速。开普勒深信其中必有一些和谐的关系，他最终意识到尽管速度在变化，但行星和太阳的连线在给定时间内扫过的区域面积是不变的。

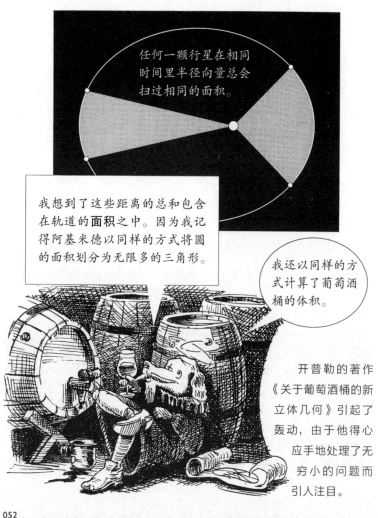

任何一颗行星在相同时间里半径向量总会扫过相同的面积。

我想到了这些距离的总和包含在轨道的**面积**之中。因为我记得阿基米德以同样的方式将圆的面积划分为无限多的三角形。

我还以同样的方式计算了葡萄酒桶的体积。

开普勒的著作《关于葡萄酒桶的新立体几何》引起了轰动，由于他得心应手地处理了无穷小的问题而引人注目。

世界和谐

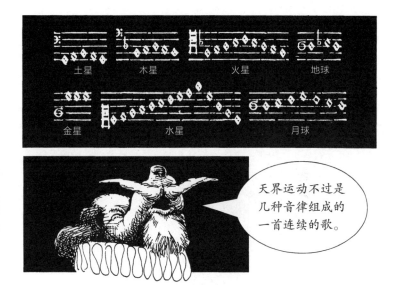

为了记下"天球的音乐",开普勒毫不犹豫地比较行星的各种属性,寻求六颗行星之间的每一种和谐的关系。

在音符中隐藏的是一种奇特的微妙关系。看上去好像任何两个行星的公转周期(T)的平方等于它们跟太阳的平均距离(r)的立方。

	公转周期(T)	T 的平方	轨道半径(r)	r 的立方
水星	0.2408	0.0580	0.388	0.0584
金星	0.6152	0.3785	0.724	0.3795
地球	1.0000	1.0000	1.000	1.0000
火星	1.881	3.5378	1.524	3.5396
木星	11.862	140.71	5.200	140.61
土星	29.457	867.72	9.510	860.09

这将成为——即使他自己并不知道这个名字——开普勒第三定律。它是太阳系稳定的关键,因为它表明了六颗行星的运动在数学上是相关的。包含这条定律的那本著作普遍地被忽视了。《世界的和谐》完成三天之后,三十年战争爆发了。

鲁道夫星表

在开普勒将他的火星运动定律扩展到其他行星及其卫星（开普勒自己的用词），从而按照我们今天所知的方式大致绘制出了太阳系的样子之后，他还有最后一项任务—— 以表格形式呈现第谷的观察结果。

别让我白活一场。

这个表格为向鲁道夫二世皇帝致敬而命名为"鲁道夫星表"，这项工作迁延日久。现在，在林茨，当天主教徒和新教徒在开普勒的印刷店的屋顶上开战时，他正努力完成他倾力一生的工作。

他还不得不抽出时间变身为辩护律师，使他 73 岁的母亲免于被认作女巫而遭火刑。

儿子，他们用链子把我锁了 14 个月。

千万不要把法官变成一只癞蛤蟆。

这本书可以用好几百年。

开普勒去世

印刷厂着火了，书被毁了，但开普勒设法救出了手稿。他搬到乌尔姆再次尝试出版。《鲁道夫星表》最终及时完成，参加了 1627 年的法兰克福书展。开普勒设了一个摊位并亲自卖书。

他了解这种情况下的引力。

1629 年，他发明了科幻小说。《月亮之梦》讲述了一次严格遵循物理定律的月球之旅。他描述了从地球起飞所需的巨大加速度，以及中途地球和月球的拉力相等 —— 失重。

开普勒的薪水此时已经被拖欠了 11817 弗罗林。所以他拉了一匹马出发（可由于患痔疮只能步行），试图去收回欠薪。几个星期后，他在路上病倒了，三天后他去世的时候，用手指轮流指着他的头和天空。

（自撰墓志铭）思想曾经遨游天际，躯体今已长眠尘埃。

牧马人

与此同时，在意大利，来自比萨的数学老师伽利略·伽利雷决心提升自己的身份地位。

他是一个令人讨厌又倔强的学生，为自己赢得了"牧马人"的绰号。他没有取得学位就离开了大学，更多是由于他性格粗鲁而不是奖学金。在与执政的美第奇家族的一名成员发生冲突之后，他甚至不得不彻底离开托斯卡纳。

这是 1587 年才装上，但 1581 年就启发过伽利略的吊灯

17 岁的时候，他在比萨大教堂做礼拜期间发现了摆钟的原理。

伽利略·伽利雷，1564—1642 年

在他还只有二十多岁时，他已经意识到十倍重的物体并不会像亚里士多德所讲授的那样下降速度快十倍。

伽利略从未在上面扔下球形炮弹的比萨斜塔

在 1586 年，我出书证明了重的和轻的物体以同样速度下落。

让·谬格鲁特

望远镜之父

伽利略对科学界的新发现印象如此之深刻，以至于他决定将它们变成自己的。

我把它变成了我的，还赶走了主人。

他通过制造和销售军用指南针赚了不少钱。

它是五十年前在德国发明的。

接下来他把目光投向了望远镜。

我在1600年发明了望远镜。

我在1589年发明了它。

哦耶！好的，我在1609年以3000斯库多银币的价格把它卖给了威尼斯共和国总督。

约翰内斯·李普希（荷兰）　乔凡尼·巴堤斯塔·德拉波特（意大利）

伽利略，望远镜的养父

当面对他没有发明望远镜的证据时，伽利略回答说任何傻瓜都可能偶然发明望远镜，但只有他，伽利略，才能通过推理发明它，因为推理需要更大的聪明才智，这项发明的真正价值就在其中。

《星际信使》

通过新近发明的望远镜看到的月亮显然是有缺陷的。这是对亚里士多德天界"水晶般完美"概念的又一次打击。在教授亚里士多德宇宙论二十年之后，伽利略开始批判它。

月亮并不具有光滑得像是被抛光的表面。

伽利略本人的画作

月亮实际上粗糙不平，就像地球表面一样，无论何处都覆盖着高高的山脉、深深的峡谷和断层。

可我已经说过这个了。

托马斯·哈里奥特（英国）

1610 年，伽利略以书的形式发表了他的观察。这本书用拉丁文写成，优雅、诙谐、耸人听闻、短小精悍。《星际信使》的第一版在几天内就售罄了。一夜之间，伽利略的名字变得家喻户晓。他甚至成为罗马教廷知识分子圈里的宠儿。那位将要登上教皇宝座的枢机主教马菲奥·巴贝里尼对他赞不绝口。

第一且唯一

伽利略声称发现了一系列令人震惊的事物，从而令公众（和其他天文学家）极为震惊。

木星四颗卫星

西蒙·迈尔第一个观测到。

金星位相

卡斯特里曾预言过。

土星三合体

土星看起来就是这样子。

没有从我手里买望远镜，用劣质货的白痴认为它看上去像是这样的，太荒谬了！

仙女座旋涡星系

格林豪森首先观测到。

太阳黑子 沙伊纳（耶稣会士）第一个观测到。

上帝作证，他不可能蒙混过关的。

第一次警告

伽利略自视甚高，结果和耶稣会士中的一些身居高位者成了敌人。然后他开始尝试用哥白尼日心说给教会找麻烦。

> 这没有办法，我命中注定只能独自一人发现天上所有的新现象，不给别人留一点儿机会。

> 哥白尼在理论上是很好的……

> ……可伽利略想按他自己的观点修改《圣经》。

因为伽利略无法证明地球在绕太阳转动，所以他挑战教会证明地球静止！

在 1606 年以异端罪名把乔达诺·布鲁诺烧死在柱子上的宗教裁判所审判官、枢机主教贝拉明负责此案。

枢机主教罗伯特·贝拉明，死于 1621 年

> 说哥白尼所言为假是非常明智的，并且无论如何没有任何风险……如果有真正的证据我们就不得不重新解释《圣经》了，可没有任何人向我展示任何证据。

伽利略被正式禁止持有或教授哥白尼日心说是真实的这一观点，除非他能证明这一点。

1623年，伽利略的崇拜者巴贝里尼成为教皇乌尔班八世。在罗马洋溢着一种新的自由气氛。伽利略连续六次觐见了新教皇，新教皇鼓励他写出关于哥白尼的看法，只要他仅限于理论研究。新教皇甚至提议了"关于两大世界体系的对话"这个书名。

伽利略，你可以亲吻我的脚指头了。

这本用意大利语口语写成的书，是用当时流行的对话形式表达的，就像他父亲的《古今音乐对话》一样。

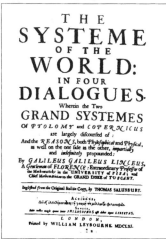

书中有三个角色。**萨尔维亚蒂**是一位出色的博学之士，他发表了伽利略的理论。**萨格雷多**是一个明白事理的外行，他自然而然地被萨尔维亚蒂的论证所折服。**辛普利邱**，他是一个捍卫亚里士多德的头脑简单的白痴，他总是被证明是错的。对话一共持续了四天。

第一天就是对亚里士多德的宇宙观和天球纯净性的反驳。**第二天**，致力于战胜反对地球运动的观点。

右图显示，无论地球旋转速度如何，无论多大体重的人，都不会因地球的旋转被从地球表面抛出去。

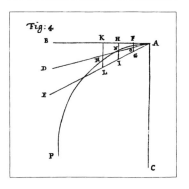

在圆周上运动

第三天描述了哥白尼体系相比于托勒密体系的优越性。

然而，伽利略如此钦佩地描述的并不是哥白尼体系，而是一种严重的曲解。他似乎从来没有读过《天球运行论》。

托勒密病了，哥白尼有药。

就像哥白尼和亚里士多德一样，伽利略确信，唯一的运动方式就是圆周运动。自然运动是圆形的，因为它总是回到它开始的地方，因此可以继续下去。直线运动本质上是无限的。任何东西在本质上都不可能拥有沿直线移动的原理，换句话说，不可能向着无法到达的地方前进。

这只是因为圆周实在太大了，我们只能见到看起来像是直线的短短一小段。

行星保持完美的圆形轨道，因为物体只能循环运动。任何不做循环运动的东西都必须是静止不动的，只有静止和圆周运动才适合维持秩序。

任何来自太阳的奇怪作用会影响行星路径的说法（正如开普勒所认为的那样）都是迷信的鬼话。因为彗星不遵循圆形路径，所以它们被驱逐了。伽利略宣称彗星是由大气效应引起的视错觉。他把彗星称为第谷的*猴子行星*。

确切证据

第四天宣称潮汐是由地球自转产生的。开普勒七年前发表的正确解释——潮汐是由月亮的影响造成的——是荒谬的。

开普勒的思想对哥白尼学说的作用是贬低，而不是支持。

我预言他的下场会很糟糕。

呃！

我对开普勒感到惊讶。他已经注意到了，并同意了月亮对水域和玄奥性质的主宰，真是幼稚。

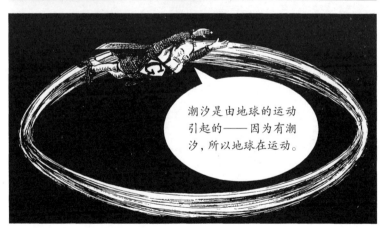

潮汐是由地球的运动引起的——因为有潮汐，所以地球在运动。

伽利略对潮汐的解释是完全错误的，他的逻辑也是错误的。但这是他的终极武器，他以为这是地球运动的确切证据。教皇曾试图指出他论证的薄弱之处，说这既不是真的也不是决定性的。

当那些必须被说服的人表示自己无法理解最简单和最轻松的论证时，我怎么能证明地球的运动呢？

教皇的家族

这本书从一开头就走错了路。斯特凡·德拉·贝拉（Stefan Della Bella）雕刻的封面上有三个人正在讨论各自世界体系的优点。

左边的长者大师是亚里士多德；中间是他的后世传人托勒密，他带着嵌套的地心球体模型；右边是哥白尼，手里拿着象征他自己日心宇宙的符号。但是败笔在三人所站的地面上。那里有一个徽章，上面是咬着彼此尾巴的三条鱼。

这很容易被认为是对巴贝里尼家族徽章上三只蜜蜂的拙劣模仿，并且对教皇大搞裙带关系进行了狡猾的嘲讽，他正在把他的亲戚们塞到各个关键职位上，将梵蒂冈变成了家族企业。

巴贝里尼家族徽章上的三只蜜蜂

马菲奥·巴贝里尼，教皇乌尔班八世

我给你挠背……

……我帮你……

……我给你抓痒……

枢机主教弗朗西斯科·巴贝里尼，教皇的侄子

枢机主教安东尼奥·巴贝里尼，教皇的弟弟

不可理喻

伽利略已得到允许按照他所承诺的那样在叙述中公正对待辩论双方。然而，当《关于两大世界体系的对话》写成之后，那些不同意伽利略的人是被特殊对待的。

但是，如果这本书以一个窃笑开始，它会以一声巨响结束。第四天结束时提出了一个声明，*即使当时最杰出和有学问的人也会对其保持沉默*。辛普利邱对伽利略的*另一个化身萨尔维亚蒂*说……

他们是精神上的侏儒。不值得被称为人类。

你说好的公正呢？

"我承认你对潮汐的涨落的假设比我过去听到的许多人的想法都要巧妙得多。我仍然认为它既不是真实的，也不是确凿的。但我知道，如果有人问到上帝以他无穷的力量和智慧，是否会以任何其他方式赋予水元素具有往复运动的能力，你们都会回答上帝能够做到，并且能用许多超出人类理解范围的方式做到。"

即使地球的运动能解释潮汐，也不能说明潮汐证明了地球的运动。上帝很可能通过超出我们理解之外的其他方式制造了潮汐。这就是教皇在读者看到本书之前就曾提出的那个论点。伽利略把它放进了辛普利邱的口中，这个角色从来都没有对过。

第一本《关于两大世界体系的对话》于 1632 年 8 月送到了罗马。没过几个小时，教皇发现伽利略背叛了他的友谊。

伽利略欺骗了我！

现在，乌尔班八世可能是意大利除了伽利略本人之外最虚荣的自大狂。这个人熔化了万神殿的青铜天花板，用于制造加农炮。对于这件事，有人说："野蛮人没做到的，巴贝里尼做到了。"面对伽利略对他个人的侮辱，他不打算安之若素。

审判

1633 年 4 月 12 日，伽利略出现在了宗教裁判所法庭。

他试图辩护，这进一步表明了他对对手智力的蔑视。作为一个好辩者，他试图让宗教裁判所相信这本书说的跟它的表面用词是相反的。他坚持认为，这本书通过论证哥白尼的论点薄弱且不确定，从而证明了与之相反的观点是对的。

在拼命地抛弃一切之后，伽利略逐渐意识到那些精神上的侏儒不会被他那精彩的言辞所打动。他完全没有了所向披靡的感觉。他慌了神，提出彻底改写这本书。他公开否认曾经相信哥白尼。他肯定不是当烈士的材料。

在审判期间，他受到了精心照料，人们对他彬彬有礼，尊重有加，让他住在一所带仆人的豪华五间套房里。但他不可避免地被判有罪，《关于两大世界体系的对话》也被列为禁书。伽利略被判入狱并每周重复诵读七首忏悔诗。不过，他得到允许让女儿们为他背诵忏悔诗（两个女儿都是修女），后来他还得到允许返回家中。

经过二十年的激烈争论，伽利略终于缄默了，被软禁在家中。最后，他可以自由地完成他一直承诺的那本书。

《两种新科学的对话》于1638年出版。**萨尔维亚蒂、萨格雷多和辛普利邱**进行了为期四天的返场表演。

第一天讨论了阻止物体碎裂的力。

第二天关注了凝聚的原因。

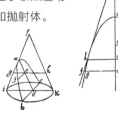

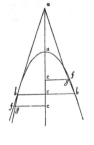

看起来很熟悉。

奥雷姆

第四天描述了暴烈运动和抛射体。

第三天致力于匀速运动和自然的加速运动。

博纳文图拉·卡瓦列里向伽利略提出了一个想法。这是一个数学证明，抛射体所遵循的曲线将是圆锥曲线的一种——抛物线。伽利略认为，卡瓦列里应该等待一个更合适的时刻再发表这个想法。

事实上，伽利略太喜欢这个想法了，所以适当的时间和地点就变成了他自己对话录中的**第四天**。

一根手指

教会应该告诉我们如何去天堂，而不是天界如何运动。

伽利略的右手食指在佛罗伦萨朱迪奇广场1号的伽利略博物馆展出
开放时间：周一、周三一周日9:30—18:00，周二9:30—13:00；1月1日、12月25日闭馆。

如果伽利略从来没进过牢房，没有受到折磨，也没有反抗权威，如果他没有从比萨斜塔上扔下球形炮弹，还没有发明望远镜甚至温度计，那么他到底做过什么？

弗朗西斯·培根将对科学的追求与军事行动进行了比较，在这场战役中，只有武力还不够，还必须以艺术性为后盾。伽利略的"谋杀你的兄弟并窃取他们的贵重财物"的策略可能是犯罪行为，但却是建立科学帝国所必需的。如果他收集的各种发现都与它们的主人一起分散各处，那么将无助于实验科学的全面进步。

1891年，拉斐尔·卡维尼在《实验方法的历史》中提供了关于这一问题的几种充分混合的隐喻。

"通过无情地修剪科学之树，伽利略将所有地下根部的营养汁液集中到一个芽中，就是他自己。"

但伽利略的真正遗产可能只是他的学生们，虽然被欺负，被剥削，但忠心耿耿……卡瓦列里、托里切利、卡斯泰利、阿均提、维维亚尼、博雷利、保罗和坎迪多·德·布诺。他们创造了伽利略一个人的神话。

就像发条机械一样

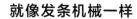
自然就是一部自动机械。

勒内·笛卡尔（法），1596—1650年

像伽利略一样，笛卡尔认为自然之书是用数学语言写成的。但是他用力过猛，认为自然只是一台机器。笛卡尔物理学通常被称为机械主义的，这意味着它没有使用力学（关于物质在力的作用下如何表现的科学）中所涉及的那些概念之外的其他原理来解释。也就是说，笛卡尔认为他本人的意义也可以在机械模型中模仿出来。

物质只能通过相互碰撞来影响物质。

没有灵魂的动物也没有感情。

包括植物。

所有生物都只是错综复杂的机器。

活体解剖完全没问题。

医生就是机械师。

哎哟！

笛卡尔显然从来没有与绵羊打过交道。绵羊可是狡猾的野兽。

哲学原理

我们非常清楚和明确构想的所有事情都是真实的（然而，仅仅通过观察，要严格确定我们明确构想的物体存在一些困难）。

笛卡尔

询问机器的目的是什么没有任何意义，它只有它的制造者赋予的目的。

当牛顿来到剑桥的时候，"他发现了笛卡尔引起的这种骚动，一些人反对他并且禁止阅读他的书，就好像他质疑了《圣经》上的福音一样。大学的活跃团体普遍倾向于运用他的思想"。

物质只能通过相互碰撞来影响物质，因此，如果拥有了准确的运动和碰撞定律，我们应该能够预测和解释自然界发生的一切。

笛卡尔的著作《哲学原理》（1644年）是梦幻般的想象力的胜利，不幸的是，这种想象永远不会给出一种正确的解释。

但笛卡尔确实从头开始构建了一个全新的哲学大厦，这是自亚里士多德以来没有人尝试过的。

牛顿如饥似渴地阅读他的著作，因为其中有人承诺可以逃离亚里士多德。亚里士多德简直无关紧要，笛卡尔才是你想要了解的。

关于运动的看法有很多种……

> 为什么物体会运动？

亚里士多德

> 寻求其正确的位置。

> 物体怎么运动？

伽利略

$$S = \frac{(V_1 + V_2)T}{2}$$

> 为什么物体会停下来？

笛卡尔

> 这是新问题。

> 维持运动的趋势就是在一条直线上保持匀速直线运动。

涡旋

笛卡尔的"第二自然定律"指出:"物体倾向于在一条直线上保持静止状态或匀速运动。"

由此可见,行星的自然路径是直线,而不是伽利略的圆周。除非有一些其他影响因素迫使它偏离其自然路径,否则行星会沿切线方向飞出去。正是涡旋的压力将行星固定在弯曲的轨道上。

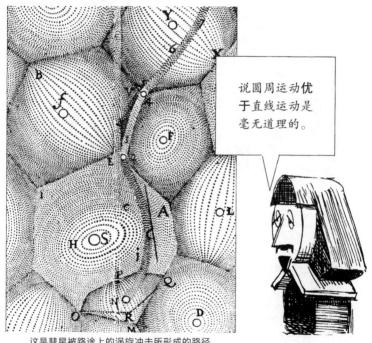

说圆周运动优于直线运动是毫无道理的。

这是彗星被路途上的涡旋冲击所形成的路径

笛卡尔想象了一个完全由物质和运动构成的宇宙。上帝创造的原始大块物质相互摩擦,产生三种不同大小的碎片。第二种(天体)物质的碎片被由细微物质(以太)构成的第一类最小粒子形成的巨大涡旋强制向中心聚集成为大型团块(太阳和恒星)。较大的第三级碎片则形成地球和行星。

旋转天体向外的离心力被感受为重力。旋转天体的压力被观察到即为太阳和恒星发出的光。

永动机

即便不完全相信，牛顿也对笛卡尔的解释很感兴趣。他开始系统地质疑它们。如果光是由压力引起的，"我们应该能够在夜晚也看到，或者比在白天更容易看到"，他总结道。

如果笛卡尔的涡旋确实存在，而且重力是由精微物质的下降引起的……

笛卡尔认为空间完全充满了物质，即是一个*整体*（*the Plenum*），但牛顿同意伽桑迪、卢克莱修和德谟克利特的观点，认为空间是空无一物的，原子在*虚*空里运动。

自然之书

在拉斐尔的壁画《雅典学院》中，柏拉图的手指向天空，表示理想形式，亚里士多德的手则指向地面，强调向大自然学习的重要性。亚里士多德被认为在两者中更有探索精神，因为他比柏拉图年轻四十五岁，而且是他的学生。在中世纪，亚里士多德物理学得到了托马斯·阿奎那（1225—1274年）的祝福并成为教会的信条。反转到来了。亚里士多德——在前几代人看来代表现实主义，与大自然联系紧密——如今却被认为是一位失去感觉的老派哲学家。

数量才重要。

不，性质才最好。

柏拉图
公元前 429—前 347 年

亚里士多德
公元前 384—前 322 年

伽利略化用了新柏拉图主义者的信条："哲学写在宇宙那本伟大的书中，它一直向我们的目光敞开。但除非先学习语言并能破译其组成的字母，否则无法理解本书。它是用数学语言写成的，它的字符是三角形、圆形和其他几何图形，没有这些几何图形，人类就不可能理解它的哪怕一个单词；如果没有这些，你就会像在黑暗的迷宫中一样迷失方向。"

牛顿被拉进剑桥新柏拉图主义者的圈子。他们决心用更为数学化的柏拉图取代亚里士多德那令人窒息的影响。

该团体的领军人物是卢卡斯数学讲席教授艾萨克·巴罗。

"让你的眼睛来帮助你的耳朵！让实验成为理性的伴侣！"

——巴罗

新柏拉图主义者认为，笛卡尔剔除了物质世界的精神和非物质成分，只留下物质和运动，做得太过分了。与笛卡尔不同，炼金术士通过直接拷问自然，即通过实验来获得他们的想法。

"笛卡尔颠倒了哲学研究的秩序，他看起来显然不是从事物中学习，而是将自己的规律强加于事物上。他首先收集了他认为适用的真理。他在没有考察自然界的情况下就制定了原则。"

"炼金术是唯一的艺术，它能够完善并照亮的不仅仅是医学，还有普遍哲学。"

艾萨克·巴罗 1630—1677 年

从巴罗那里，牛顿了解到炼金术哲学与数学是对等的，而炼金术实验等于所有的解剖学或植物学。在来自该组织的另一名成员亨利·莫尔那里，他学会了尊重古典文学和秘传文学，并产生了真正的秘密隐藏于其中的信念。

巴罗是英格兰最好的学者。

国王查理二世

自然的精神

亨利·莫尔出生于格兰瑟姆，并且是药剂师克拉克医生的导师。牛顿已经在克拉克那"大堆的书籍"中了解了莫尔的哲学立场。

笛卡尔几乎看不到感觉。

一个粒子对另一个粒子的影响不能解释所有自然现象，但是直接的自然精神，供给一切的伟大上帝，必须要进行干预。

亨利·莫尔，1614—1687 年

莫尔最初欢迎笛卡尔哲学，认为其是"基督教世界中最清醒的和最忠诚的"。但是，随着时间的推移，他开始怀疑笛卡尔把物质与精神彻底分离会导致糟糕的后果。莫尔和笛卡尔保持通信，以使后者有资格获得自己的职位。他对笛卡尔《机械学》的批评载于 1659 年《灵魂的永恒》一书中。随着时间的推移，机械观的含义开始浮现。新柏拉图主义者内心最深处的恐惧，如果化作一个人的话，那就是托马斯·霍布斯。

令人讨厌的、野蛮的和短暂的

新柏拉图主义者的大敌是那位与巴罗进行激烈数学辩论的极端唯物主义者托马斯·霍布斯。

我已经完成化圆为方了。

人类……

托马斯·霍布斯，1588—1679 年

霍布斯认为人完全无法感知任何正确与错误。由于缺乏自助能力，他们就像是时钟中的齿轮一样的自动人偶。因为人们不能做出道德决定，必须强制其接受。他通过《利维坦》一书宣扬他的哲学。

自然人……

"在自然状态下，没有财产，没有正义或不公正，只有战争。这样的战争就像每个人对抗每个人一样。战争中的武力和欺诈是两个基本美德。由于纯粹的自私，人们被迫合作。法律和道德只不过是有组织的暴力。人类的主要冲动是自我保护，主要表现为恐惧、持续的恐惧和暴力死亡的危险；而人的生活是孤独的、贫穷的、令人讨厌的、野蛮的和短暂的。"

……狼

笛卡尔的理论显然会产生危险的后果。但就目前而言，它提供了打破亚里士多德束缚的唯一途径。

扫把星

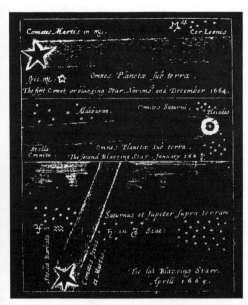

1664 年 11 月，一颗彗星出现了，它的颜色微弱、暗淡、阴沉，它的运动非常沉重、冷峻而缓慢，预示着一场审判，缓慢但严厉，令人害怕、令人胆寒。

看上去彗星就像是直接从伦敦市正上空经过，而且非常靠近房屋，很明显它给那座城市注入的特殊的东西就是痛苦。

12 月初，据说是法国人的两名男子因为瘟疫死在德鲁里巷北口。之前被称为*黑死病*的淋巴腺瘟疫复发了。在疫情结束之前，伦敦五分之一的人口将会死亡。

是死猫数量的五倍。

四万只狗被消灭。

迅速而激烈

又一颗彗星接踵而至，这一颗明亮、迅速而激烈。它预示着对这座城市再次施加更严厉的惩罚。

议会召集的调查瘟疫原因的委员会知道把责任推向哪里。上帝显然对霍布斯那些著作的出版感到非常不安。

牛顿自己调配的治疗瘟疫的药物……

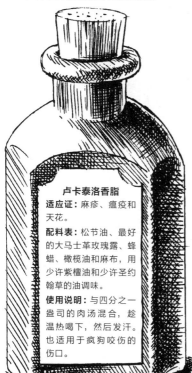

卢卡泰洛香脂

适应证： 麻疹、瘟疫和天花。

配料表： 松节油、最好的大马士革玫瑰露、蜂蜡、橄榄油和麻布，用少许紫檀油和少许圣约翰草的油调味。

使用说明： 与四分之一盎司的肉汤混合，趁温热喝下，然后发汗。也适用于疯狗咬伤的伤口。

立即禁止阅读托马斯·霍布斯的书。

商业陷入了停滞、政府离开了城市。那些能逃走的人都去了乡下。1665 年，瘟疫传到了剑桥。 大学关闭了，关了两年。牛顿回到了家乡伍尔索普，也从亚里士多德课程的限制之下解放出来了。

一本微不足道的书

大学关闭了，牛顿得以根据兴趣漫步在学习领域。首先，他投身于数学。

柏拉图曾建议从数学开始，因为这是一门非常谨慎的科学，并且在严格证明之前不承认任何事情是确定的。

像一匹激动不已的马驹，必须首先闯进已开垦的田地，以及最粗糙和最陡峭的道路，否则可能就不知道界限在何处。

牛顿的兴趣最早是从史托尔桥的市集上开始的。

他买了一本关于占星术的书，却无法理解其中的图形。所以他买了欧几里得的《几何原本》，在索引中查找他需要的定理——并且发现它们很容易理解。他对几何学的兴趣被激发出来了，他开始大量阅读斯霍滕、奥特雷德、沃利斯和笛卡尔的著作。

性质的量化

强度线

纬度（内涵）

面积＝性质的定量描述

经度（外延）

匀速运动

加速度

速度

走过的距离

时间

均匀的不规则运动

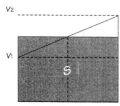

v_2

v_1

S

t

$$S = \frac{(v_1 + v_2)t}{2}$$

尼古拉·奥雷姆，
1323—1382 年，法国利雪主教

依巴谷（公元前 161—前 126 年）是第一个用坐标（纬度和经度）的方式在地图上定义地点的人。

尼古拉·奥雷姆将这种图形工具应用于中世纪的形式增强和缓解问题。这种处理强度增加和减少的方法称为*计算法*。

它适用于温度、光线、重量甚至爱情等变量。但用这种处理方法获益最多的性质是运动。

通过将瞬时速度视为纬度，把时间视为经度，尼古拉·奥雷姆得到了均匀的不规则运动的示意图。所经过的距离由产生的面积给出。匀变速运动的一个例子是下落物体的加速运动。奥雷姆提出，在给定时间内匀变速运动物体走过的距离等于在平均速度下同样时间内匀速运动走过的距离。

我将在 1632 年发明它。

伽利略

令人精疲力竭的想象

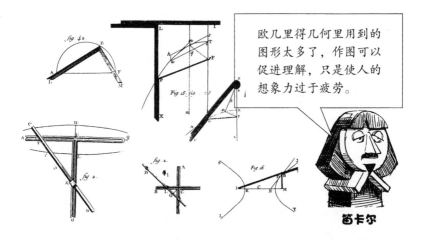

欧几里得几何里用到的图形太多了，作图可以促进理解，只是使人的想象力过于疲劳。

笛卡尔

在**几何学**中，曲线在希腊人中是众所周知的，但曲线仅仅与它们各自的构造方法有关。没有处理它们的统一方法，也没有表达曲线性质的通用方法。与此同时，根据笛卡尔的说法，**代数**"充满了混乱和模糊性，令人尴尬"。

不要忘记，世界将在1786年结束。

笛卡尔将两者的优点结合到**解析几何**中。不仅任何等式都可以用几何形式来表示，而且当以等式形式写入时，曲线的类型可以对应于等式类型。这种几何和代数的联合早已被使用过，但从笛卡尔开始，这种新系统才广为人知。

奈皮尔曾经用一条曲线来表示对数和数字之间的关系。这条曲线是一个双曲线，但事实证明它不可能用穷竭法变成正方形。

为了计算无理数（如自然对数的底），必须将它们展开为无穷的级数系列，然后对级数逐项求和，直到达到所需的准确度。

展开式

> 这些无限空间的永恒沉默使我感到恐惧。

帕斯卡指出，展开式的系数可以从至今仍称为帕斯卡三角形的一个阵列中获得，其中每个数字是上面一行中最接近的两个数字的总和。

```
            1
          1   1
        1   2   1
      1   3   3   1
    1   4   6   4   1
  1   5  10  10   5   1
1   6  15  20  15   6   1
1  7  21  35  35  21  7  1
```

布莱士·帕斯卡，1623—1662年：晚惠、注射器、袖珍计算器和公共马车的发明者

几个有用的展开式已经知道了。牛顿熟悉在沃利斯的著作《无限算术》（*Arithmetica Infinitorum*）中找到的逼近 π 的无限级数。

> 沃利斯的书里就是一大堆符号。

托马斯·霍布斯

$$\frac{\pi}{2} = \frac{2}{1} \cdot \frac{2}{3} \cdot \frac{4}{3} \cdot \frac{4}{5} \cdot \frac{6}{5} \cdot \frac{6}{7} \dots$$

继沃利斯之后，牛顿开始填补帕斯卡三角形中数字之间的空隙。最后，他设计了一种通用方法，使得即使对于负数或分数项，也可以在没有三角形的情况下找到无穷级数的系数。牛顿的公式现在被称为*二项式定理*，它看起来是这样的：

> 用这个定理在很大程度上缩短了开方求根的步骤。

$$(P+PQ)^{m/n} = P^{m/n} + \frac{m}{n} AQ + \frac{m-n}{2n} BQ + \frac{m-2n}{3n} CQ + \frac{m-3n}{4n} DQ + \dots$$

双曲线

这个操作可能会在愉快的情况下继续，越长就越好。

牛顿还用无限级数攻克了双曲线，即

$$y=\frac{1}{(1+x)}$$

并且开始把对数计算准确到第五十五位小数。

我都不好意思告诉你们，在进行这些计算的时候，有多少位数字在当时根本没有什么其他用途。

无限级数不再仅仅是近似手段，而是完全等同于有限函数。*二项式定理使无限级数的使用合法化。自芝诺以来一直困扰着数学家的对无限空间的恐惧被撵走了，微积分呼之欲出。*

由有限项等式表示的普通代数总可以用无限级数来表达。

在首次打开欧几里得《几何原本》的一年内，牛顿已经吸收了现有数学的全部内容。从现在开始他就只能靠自己了。

流数术

阿基米德、奥雷姆、开普勒、伽利略和笛卡尔都曾通过累加无穷小的各部分来计算面积。牛顿考虑到，面积是通过点、线和平面的连续运动产生的，取问题中该点瞬间的面积增量，并根据该变化率，他计算出了该处面积。

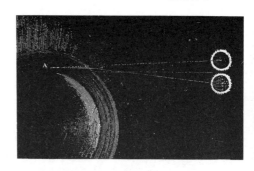

求曲线下的面积的方法已被古人彻底探索过。但仍然令现代数学家大伤脑筋，比如透镜、曲面镜、大气失真、行星轨道以及用于船舶在海上定位的月球运动，都是切线问题。

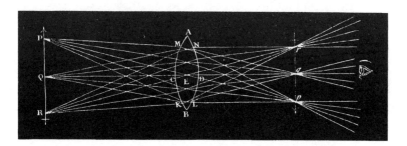

牛顿意识到切线和面积问题是同一问题，只是彼此相反。所以他对两类问题做了融合。切线、无限级数和面积等方程的总理论。所有曲线的通用解决方案。牛顿就这样发明了*微积分*。

他称之为**流数术**。

这个名字来源于*流动*的概念。由运动产生的**可变**数学量是一个变数，其变化率是**流量**。

"微积分是精确计算和测量那些无法设想其存在的事物的艺术。"

伏尔泰

下落

如果地球正在旋转，为什么苹果会下落，而不是像亚里士多德预测的那样横向或向上运动？

这提醒我了，我得去喂猫了。

一个做圆周运动的物体不断地要从中心远离，就像绳子上拴着的石头旋转时一样。只有绳子的拉力才使它不会沿切线方向飞出。

为了计算将物体保持在圆形路径中所需的力，牛顿计算了物体从正方形各边反弹回初始位置时所需的力。随着图形边数逐步加倍，同样的关系仍然成立。

因此，如果一个物体被具有无数条边的等边外接多边形（即圆周）的边反弹，那么反弹的力就和物体运动沿着对应半径的所有那些边（即圆周）是一样的。

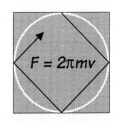

$$F = 2\pi mv$$

牛顿用一只摆锤计算出来，地球旋转将我们抛向太空的力只有地球把我们吸引在地面上的重力的 1/350。

非常接近

这让他发现重力的力量（导致苹果从树上掉落到地面）并不局限于离地面特定距离之内，因而这种力量必然延伸到比通常认为的要高得多的位置。

为什么不像月亮一样高，如果那样就必须既影响它的运动，又可能让它保持在轨道上。

他问自己月球从地球中心远离的力是多大。他计算出它是地球表面重力的 1/4000。

当他用开普勒的第三定律代入他新的旋转力公式时，他发现……

远离太阳的力，将会与到太阳距离的平方成反比关系。

就像我关于光的平方反比律一样。

月亮的值为 1/4000 是具有提示意义的，但它只是他预期值 1/3600 的近似值，因为牛顿取从地球到月球的距离是 60 个地球半径。正如牛顿所说，它"非常接近"一致，但还不够好，所以他把这个想法搁置起来，有朝一日再说。

"自从人类始祖亚当因为一只苹果而堕落之后，这是唯一一个凡人可以抓住的苹果。"

拜伦

卢卡斯讲席

在瘟疫之后回到剑桥，牛顿迅速崛起。1667年，牛顿被选为三一学院的教员，收入为13英镑6先令8便士，他是受到青睐可以留下来的少数人之一。1669年，艾萨克·巴罗辞去卢卡斯教授的职务，让牛顿接任。现在，除了院长本人，牛顿在学院里的职位是最高的，年薪100英镑。

职责包括每周一堂课。他的未来有了保障。

"只要我能避免冒犯君主、异端邪说、分裂教会、杀人、有意盗窃、通奸、淫乱、伪证或无法容忍的疏忽。"

但他基本上被忽视了。艾萨克·巴罗报告说，当这位年轻的教授讲课时，"几乎没人去听他讲话，而且更没有什么人能够理解他。因为缺少听众，他常常对着空荡荡的教室讲话"。

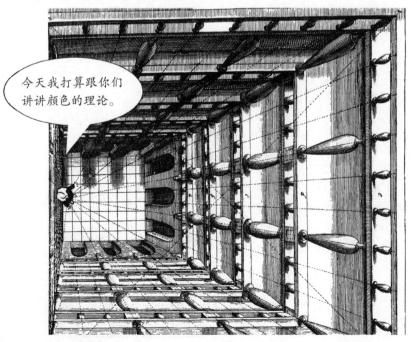

一根光秃秃的长针

1665 年罗伯特·胡克出版了他的《显微图谱》（*Micrographia*）。它包含克里斯托弗·雷恩关于跳蚤的优秀绘画，但它不仅仅是一本关于显微镜的书。它基于笛卡尔的机械哲学提出了完整的光学理论。牛顿很想检验一下胡克的结论。

"显微图谱"的意思是关于极小结构的绘图。

"我把一根长针伸到眼睛和骨头之间，尽可能地伸到我眼睛后面，我用长针末端按压我的眼睛，看到了几个黑白和彩色的圆圈，当我继续用长针末端摩擦我的眼球时，这些圆圈是最暗淡的。"

牛顿加紧研究色彩现象。实践新柏拉图主义者所传授的精神，他做实验时一直盯着太阳，直到几乎失明，再把钝针伸到他的眼球后面观察效应。

他发现胡克，还有实际上从亚里士多德到笛卡尔的其他所有人，都误解了光的基本性质。

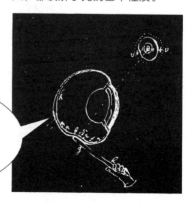

为了恢复视力，我把房间弄黑，把我自己一连在房间里关了三天。我在三四天后才再次开始用眼睛看东西。

黑暗与光明

当时的观点是，颜色是由光明和黑暗混合而成的。红色是纯白色的光加上一点儿黑暗。在光明完全被黑暗吞没之前显现的是蓝色。

比如一本书。随着它被拿得越来越远，黑色文本与白色页面的混合将显示出彩色，而不是灰色？

实验证据……

笛卡尔让一束光透过棱镜，并在两英寸远的纸上检查结果。

胡克让一束光通过一个装满水的玻璃烧杯，然后把它投射到两英尺外的纸上。

牛顿让一束光线透过棱镜投射到二十二英尺外的墙上！

据笛卡尔所说，应该有两个光点，一个是红色，另一个是蓝色。相反，牛顿看到了一条连续的光谱。光谱颜色组成的彩虹有八英寸长。

矛盾的断言

各种颜色都是单色，白色是混合色。

各种颜色不是通过干扰纯白光产生的。对于牛顿来说，各种色光才是纯净的颜色。它们不是通过修改白光才被看到，而是将白光分解为各种色光成分。

我个人坚持认为，关于这个问题上述断言出现了矛盾，并且确认这是最大的困难。

根据牛顿的研究结果，各颜色的光谱与从黑到亮的灰度毫无关系。当有色物体将光线反射到一张白纸上时，纸张呈现的就是那种颜色。如果他是正确的，从黑色闪亮物体上反射，纸张应该显示为相矛盾的白色，而不是黑色。

它就是这样！

玻璃中的缺陷

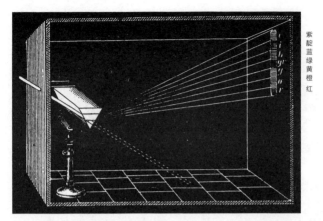

紫靛蓝绿黄橙红

为了彻底确定，他需要证明光谱根本不是由玻璃中的任何缺陷造成的。所以他在 1668 年的史托尔桥市集上又买了一些棱镜。

他将第二个棱镜倒置在第一个棱镜后面。这样，由玻璃中任何最终不规则所产生的变化应该加倍，而由棱镜的三角形形状所产生的效果应该被抵消。

这样产生的图像是一个纯白色的圆形光点，就好像它根本没有通过任何棱镜一样。白光可以通过混合所有颜色来重新生成。光谱不是玻璃特性所产生的偶然效应，而是与光自身的性质有关。

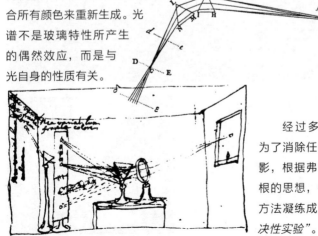

经过多年的实验，为了消除任何怀疑的阴影，根据弗朗西斯·培根的思想，牛顿将他的方法凝练成所谓的"*判决性实验*"。

问题的关键

固定带有小孔的挡板，它可以从光谱中分离出单一颜色的光线。这种单色光线通过第二个棱镜之后没有变化。蓝色光线仍然是蓝色，红色照样是红色，只是弯曲的角度较小。

受到肥皂泡和其他薄膜中颜色的启发，牛顿发展出了一个测量它们厚度的实验。他把已知曲率的玻璃透镜压在玻璃板上，会出现一系列彩色圆圈，现在称之为牛顿环。

牛顿说："由透明颗粒组成的物体，其厚度决定了它们反射的颜色，正如透镜和玻璃板之间的空气薄膜厚度决定了环的颜色一样。"

牛顿用眼睛测量空气薄膜厚度可以精确到百分之一英寸。

关于反射

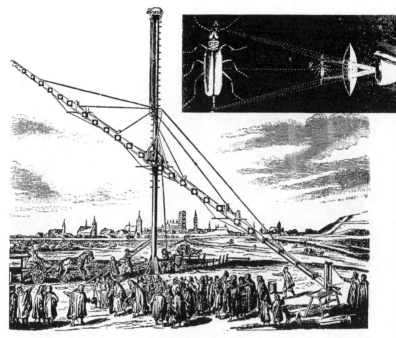

　　17 世纪的望远镜已经达到了 200 英尺（60.96 米）长，但通过透镜片折射产生的彩色条纹限制了它们的效果。镜片有球面，所以牛顿尝试用其他各种曲线研磨镜片，以消除不需要出现的色彩。经过多次尝试，他确信那是不可能的，所以他放弃了*磨制玻璃*的工作。他此时意识到**反射**不会出现颜色畸变，因为光线从材料上弹回来并没有通过它。

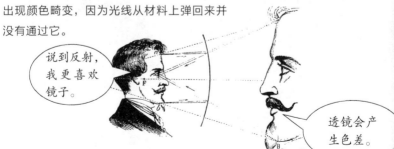

说到反射，我更喜欢镜子。

透镜会产生色差。

他开始利用镜面而不是透镜来制造望远镜。

望远镜

由此得到的反射式望远镜只有六英寸长，但图像按直径来说放大了四十倍，这比六英尺长的常规折射望远镜的放大率要更大。

牛顿被问到是谁为他做事，以及他在哪里得到了他那些工具……

如果我让其他人替我制造工具和做事，我就将永远一事无成。

怯于社交

17世纪60年代是牛顿一生中最具创造力的年代。他独自在数学和光学方面完成了突破，还处在产生他至高无上的创造——万有引力定律——的边缘。事实上，他所有这一切成就，甚至当他在讲台上宣布之后，都没有引起他人注意，这样看来也没有让他感到烦恼。牛顿渴望的只是和平与宁静，以便继续他的研究。但到了17世纪70年代，外界开始闯入他的生活……

牛顿勉强同意柯林斯发表他计算养老金的公式，但还得是匿名。

牛顿不是第一个面对这种困境的人……

毕达哥拉斯

阿基米德

…… 他也不会是最后一个。

哥白尼

爱因斯坦

这种是否公开发表他的各项发现的烦恼，在他的余生里一直在痛苦地折磨他。

促进知识发展

伦敦皇家自然知识促进学会（以下简称为皇家学会）于1660年在伦敦成立，大力支持新科学。 1671年，皇家学会听说了牛顿反射望远镜并要求看看它。国王本人对该设备的实用性印象深刻。

"忒聪明了，呃，什么？"

"我建议我们选牛顿先生入会。"

雷斯·沃德

山姆·佩皮斯

我看到一个天仙般的美人……朴次茅斯女公爵。*

* 这是国王的情妇。
——译者注

国王查理二世

我们必须确保外国人无法冒领这项发明。

奥尔登堡，英国皇家学会秘书

1672年1月，牛顿当选为皇家学会会员。

奇妙的发现

为了对皇家学会给他荣誉表示感谢，牛顿向其提供了望远镜背后的东西—— 他的光和颜色的理论。除了实验负责人罗伯特·胡克以外，学会上下都欢迎他的成果。

胡克声称他已制造了一英寸长的小望远镜，放大效果比五十英尺的望远镜还要好。他忙于伦敦大火后的城市重建，没有时间去完善它。至于牛顿的色彩理论，其主要部分在他的《显微图谱》一书里已经写过了。

牛顿只不过完成了我开创的一些事情。

罗伯特·胡克，1635—1703 年

牛顿将他的色彩理论描述为"迄今为止在自然运行中做出的即使不是最重大的，也是最奇妙的发现"，这下胡克暴怒了。

胡克是大火之后重建伦敦的关键人物之一。 他"驼背，身材矮小"，随着年龄的增长变得畸形，眼睛"鼓鼓的，向外凸出"。

胡克的理论不仅不完备，而且晦涩难懂。

这是接下来半个世纪牛顿卷入的许多激烈争议中的第一个。 即使批评是合理的，他都忍受不了，何况这次不是……

嗯，我度过了那样的童年，你还能指望什么呢？

哲学的奴隶

但胡克不是唯一的麻烦。反对牛顿色彩理论的信件开始从欧洲各地纷至沓来。

牛顿先生并没有证明各种颜色的性质和差异。

惠更斯（荷兰），1629—1695年

牛顿先生那些实验是错误的，我们甚至根本不需要尝试就可以知道。

林纳斯、卢卡斯和加斯科恩，（比利时）列日的英国耶稣会士，后来十多年里他们一直骚扰牛顿。

他因沮丧和愤怒而无法专心。在神经紧张之时，他承认……

为了追逐一个幻影，我已经牺牲了我思维的平和。这是实质性的问题。

在令人愤怒的争执持续了四年之后，皇家学会才考虑重复那些实验以证实他的结论。

牛顿在怒火万丈和完全沉默之间摇摆，经常宣称他不想进一步做与"促进哲学"有关的事情了。

因为我看到一个人必须要么决定不再发声，要么成为为自然哲学辩护的奴隶。

扑灭

在愤怒之时，牛顿恳求皇家学会秘书："我希望你能允许我退出学会。""我希望如果你发现我拒绝再做那类事情，你不会再觉得糟糕…… 我也不会再理睬那些让我烦心的反对意见和信件。"

经过多年的争执，牛顿写了一本关于光学的巨著，他在书中建立了他的光学理论，并一劳永逸地解决了争端。在大功即将告成之时，1678年3月的一个早晨，他出去散步，在桌子上留下了一支点燃的蜡烛。

牛顿唯一屈尊与奥尔登堡谈论的话题是苹果酒！

我想跟你一起，让一种酒在英格兰闻名遐迩。

亨利·奥尔登堡，1615—1677年

终于卸下了我心中的重担！我先去走走，呼吸一下新鲜空气。

彻底失去了

"当牛顿先生从教堂回来，看到已经发生的事情时，每个人都认为他会发疯，他那段时间极其烦躁不安，以至于他在后面一个月里就像完全变了个人似的。"—— 亚伯拉罕·德·拉·普莱姆。

这本书"运气不好，彻底失去了"。这是最后一根稻草。牛顿完全放弃了光学研究。

但他脑子里还有其他想法。牛顿不满足于数学、物理学、天文学和哲学，一直在研习炼金术和神学—— 不仅揭示了自然的力量，而且秘密地揭开了教会的历史。

微妙的精神

他的光学实验使他越来越不满意笛卡尔对物理实在的描述，即自然的标准机械系统。他从来都不满于心灵和身体的分离，还有精神的消失。笛卡尔构想了一个无聊的世界，没有声音、气味、颜色或感觉。

舆论认为牛顿"意图进行炼金术研究和实践，并开始认为数学推理至少是精细、客观的，如果不是有点无效的话"。

由于其实验性质，赫尔墨斯主义哲学比笛卡尔的理论有更好的基础。微妙的精神可能只是把笛卡尔主义往正确的方向上做了修改。

牛顿一路向下探究物质的终极构成，也一路向上追索无限的空间。

牛顿需要解释最微小物体的行为才能完成他的宇宙系统体系。处理物质、精华、灵魂和美德而不是运动中的物质，炼金术士牛顿正在寻找的不仅仅是宇宙的结构。

超越人类技艺

他很少在两点或三点钟之前上床睡觉，有时甚至到五六点，只睡上四或五个小时……

他的目标可能是什么，我无法参透，但这些时间里他的痛苦、他的勤奋使我认为他的目标是人类技艺和勤劳力所能及范围之外的东西。

寻找哲人石的人必须要过一种严格如宗教般的生活。

汉弗莱·牛顿，无亲戚关系

牛顿以典型的彻底性和实验热情投入工作。他之前（或之后）没有人研究古代炼金术。他的炼金术论文总计超过了一百万字（它们今天仍在接受审查！）。他在实验中品尝了各种各样的重金属和其他有毒物质。

"嗯，好吃。"

如果这不会扰乱他的头脑，我才会感到惊讶。

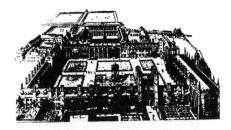

古老的智慧

那是什么奇怪气味？

他的实验室在花园里，通过楼梯连接到他的房间。特别是在春天和秋天，炉子会不停地烧上几个星期，无论是夜晚还是白天都很少熄灭。

有时候，虽然次数非常少，他会沉浸在一本旧到发霉的书里。

牛顿对"古老的智慧"深信不疑，那是赋予古人的原始智慧。他认为，在最早的时候，上帝已将自然哲学和纯真信仰的秘密传授给了被拣选的少数人。那份知识随后失传了，但仍然可以发现隐藏在神话中的痕迹，在那里它仍然存在，只不过会被俗人忽视。许多谜团被故意伪装起来，以防止被那些不合适的心灵找到。

牛顿转向最深奥的炼金术书籍，他相信真正的秘密隐藏其中。

自然的行为是单调乏味或纯粹机械的。

地球是一棵蔬菜

牛顿因炼金术认识到自然不是机械而是种生命。万物都会衰败，万物又都会重生。"自然是一个完美的循环回收工人。"这是牛顿看待事物的方式……

这个地球就像一头大型动物或者更像是一棵无生命的蔬菜，它吸收了太空的气息，以供它每天的更新和至关重要的发酵，并且随着大量的呼气再次散发出去。

炼金术致使他思考某些令人费解的现象……

为什么我不能跟水融合……

什么时候把我跟水混合在一起呢？

为什么我能把木头浸湿，却不能浸透金属？

……什么时候我能浸透金属，却不能浸透木头？

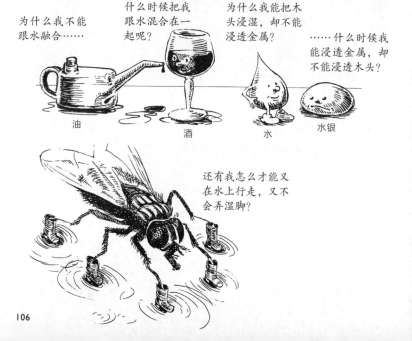

油　　　　　酒　　　　　水　　　　水银

还有我怎么才能又在水上行走，又不会弄湿脚？

独处

为什么某些物质能跟另一种物质*彼此互动*，而另外一些物质却对其他物质冷落怠慢呢？这是机械哲学所无法解释的。

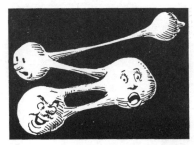

笛卡尔就像伽利略一样，曾认为磁力和引力的相互吸引太过*神奇*，因而没有认真考虑——这是神秘的暮光世界的一部分，新科学家已经从中挣脱，获得了自由。

根据机械主义者的说法，物质微粒只能通过直接接触而产生运动和相互影响。它们传递影响的媒介是以太（Aether）。

以太被认为是第五个也是最完美的元素，它充斥着所有的空间和所有的物体。这听起来还不错……

超距作用

……但是牛顿通过一系列实验——给 11 英尺长的摆锤填充进不同材料：沙子、金属或木头——让自己确信，机械主义哲学家视为必需品的以太并不存在。

以太并非实体。

牛顿现在确定，粒子可以而且确实会在没有物理接触的情况下彼此吸引或排斥，这些吸引或排斥作用在没有任何物理中介的情况下穿过空旷的空间传播出去，这就是超距作用。

机械哲学家努力使世界摆脱那些不可思议的力——吸引力和排斥力；牛顿这位炼金术士在那些力中却看到了自然运行的图景。

信件

1679 年，牛顿被召走了。他赶回家中，照顾生病的母亲。她于 6 月去世，牛顿给她穿上白色羊毛衫后安葬。之后，他在林肯郡待了 6 个月，打理家庭事务。那年中的晚些时候，一封突如其来的信件打断了他的悲伤。

喔，不好了！是胡克想让我替他做算术！

信是胡克写来的。现在，奥尔登堡去世后，胡克成了皇家学会的秘书。胡克要实现的雄心壮志，是完成伽利略未能做到的事情——证明地球在运动。他的信中提到了行星的轨道由"切线方向的直线运动和朝向中心天体的吸引运动"复合而成。他想知道这样的轨道是什么样形状的曲线。

牛顿回信声称他对数学的热爱已然耗尽了……

"我长期以来都在抱怨在这类研究中花费了太多时间，或许只能权当闲暇时的消遣。"

虽然胡克继续向他施压，但牛顿假装缺乏兴趣。他确定已经甩掉了这位好医生，他可以回去做真正重要的研究了，比如"上帝在哪里"。

真正的崇拜

上帝无处不在……哦，在绝大多数地方，可就是不在现在这个教会里。

做事情不彻底就做不好事情，牛顿花了数年时间去阅读和梳理整个有记载的宗教历史，与他进行科学研究一样严格和理性。

他得出的结论是，基督教只是原始宗教的最新分支，而且是一个腐败的分支。

《圣经》只是许多种信息来源之一。

牛顿把灶神崇拜视为第一个真正的宗教。它崇拜在庙宇之中被设计代表太阳系的*自然之神*。

"在神庙中，它就是上帝的反映。"

古人通过启示了解宇宙的设计，并将其纳入寺庙的平面图中。地心天文学不仅是错误的，而且是亵渎神明的。

灶神庙是圆形的，围绕着永久燃烧的中央火焰建造，火焰周围有七盏灯，火焰代表着太阳，七盏灯代表七大行星。

虚假《圣经》

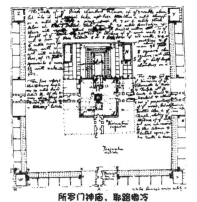

所罗门神庙，耶路撒冷

他花了数年时间研究耶路撒冷所罗门神庙的设计图，这座神庙比其他任何一座都要古老。他相信这是天堂的蓝图。

牛顿确信，当埃及人开创了根据他们的祖先创造假神这种趋势的时候，*真正的崇拜*就结束了。

他学习了希伯来语，并根据原始文本翻译了《圣经》。

他发现在公元4世纪，在基督教会内部的一场血腥权力斗争中，《圣经》中的关键段落被亚他那修（Athanasius）篡改。在"三位一体"的教义中，伪造的文本将基督提升到与上帝和圣灵一样的层级上。牛顿发现基督只是像摩西一样的另一位先知，而把基督跟上帝一样同等崇拜就是偶像崇拜。

立法者摩西，历史上最伟大的先知

所以牛顿根本就不是基督徒。他对"三位一体"教义的拒绝必须保密，因为这个教义不仅是罗马天主教的核心，也是英国国教的核心。

虚假的地狱宗教

牛顿对教会的憎恶一定让他难以忍受与威金斯住在一起的生活。威金斯是一个虔诚的人，期待着获得牧师职位。牛顿几乎不可能与崇拜"野兽和它的形象"的人共处一室。

谁崇拜野兽，接受它的记号，谁就要喝上帝发怒的酒。

你去吧，别等我。

我去上圣职授任课了，牛顿，你来吗？

威金斯

要想在 17 世纪的英格兰获得一个体面职位，你必须是一个好基督徒，那就是信仰正统的英格兰教会。要想在大学任职，你甚至不得不接受任命成为圣公会牧师 —— 这是牛顿拒绝接受的命运。当他即将成为三一学院的教员时，他甚至不相信神圣的"三位一体"教义！随着圣职授命的临近，他开始计划辞职。

我认为他不适合做牧师。

巴罗

我完全理解，我也不适合。

国王查理二世

就在这个节骨眼上，他获得了皇家特许，使他免受圣职。这是皇家牧师巴罗安排的。但牛顿不得不终生保守着他真实信仰的秘密。在一个房间里一起住了二十年后，他与威金斯闹掰了。

我们都猜想决定天体运动的是一个平方反比定律，但是没有人可以证明这一点。

我可以，但它是一个秘密。

雷恩和哈雷

哈雷、雷恩和胡克为此赌了 40 先令，哈雷拜访牛顿询问他的意见。

如果行星受到的朝向太阳的吸引力是它与太阳距离平方的倒数，行星所走过的曲线会是什么？

你怎么知道的？

必然是一个椭圆。

为什么？我已经计算过了。

我可以看看证明吗？

它肯定在这里的某个地方。

牛顿向哈雷发送了一份长达 9 页的论文，阐述了他的计算过程。哈雷建议公开发表，但牛顿一如既往地对出现在印刷品中很敏感，他回复说：

现在我在写作这个主题，在我发表论文之前，我乐于知道它的究竟。

因此，在 1684 年秋天，牛顿开始进行这项工作，正是那本书让他成为世界历史上最伟大的科学家。

鱼的故事

　　划时代的书——三卷晦涩的拉丁书面语——差点儿无法付印！皇家学会的金库是空的，所有现金因为出版了维路格比（Willughby）的精装版《鱼类的历史》而耗尽。

《鱼类的历史》

味道好极了，给我来三本。

> 皇家学会将很高兴发表您的《自然哲学的数学原理》。

> 我必须自己出钱了。

埃德蒙·哈雷，1656—1742年，一位肥皂制造商人的长子。第一位绘制南半球恒星分布图的人

　　与此同时，在伦敦的一家咖啡馆，胡克仍在指责牛顿抄袭。

> 他偷走了我的想法，那是自创世以来关于自然界最伟大的发现。

啾啾啾啾

噢噢噢噢！

鞠布里先生　　　胡克医生　　　洛德威克先生

外行小子

牛顿听说了胡克的秘密集会，他反驳道……

胡克从未提供过证据。尽管如此，牛顿还是害怕卷入新的交锋，这会让他陷入耗费时间且情绪激动的公开论战中，就像色彩理论那次一样。

他最初以通俗的方式写了《自然哲学的数学原理》的第三卷，因此他的关键结论相对容易理解。但是当胡克再次发起攻击时，他先是威胁停止出版，接着在深思熟虑之后，以只有那些"首先让他们自己掌握了前两册建立的各项原则"的人才能轻易理解它的方式完全重写了第三卷。

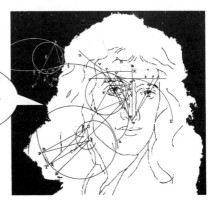

这显然是为了谴责胡克，牛顿在《自然哲学的数学原理》中删除了任何提及他这位对手的地方，从而抹掉了胡克的痕迹。

最好的部分

哥白尼。保留日心说，扔掉圆形轨道和本轮。

开普勒。保留三定律、潮汐、引力，扔掉他的太阳像扫帚一样扫过各大行星的想法。

伽利略。保留自由落体和抛体运动，扔掉圆周惯性、圆形轨道、潮汐。

笛卡尔。保留直线惯性，扔掉涡旋、潮汐、充满物质的空间。

PHILOSOPHIÆ

NATURALIS

PRINCIPIA

MATHEMATICA.

Autore *JS. NEWTON*, *Trin. Coll. Cantab. Soc.* Matheseos
Professore *Lucasiano*, & Societatis Regalis Sodali.

IMPRIMATUR·
S. P E P Y S, *Reg. Soc.* P R Æ S E S.
Julii 5. 1686.

L O N D I N I,

Jussu *Societatis Regiæ* ac Typis *Josephi Streater.* Prostat apud
plures Bibliopolas. *Anno* MDCLXXXVII.

确定无疑

《自然哲学的数学原理》从一个不可动摇的基础开始，三卷本的宏伟物理大厦将坐落在这个基础之上。牛顿定义了质量、力和运动，正如欧几里得《几何原本》开头给出了点、线和面的定义。

全书以欧几里得的方式构建，具有严格的逻辑结构，由**定义**、**定理**（定律）、**命题**、**引理**（假设）、**推论**和**附注**（解释性说明）组成。

* 以下定义、定律、引理等等，均来自《自然哲学的数学原理》。——译者注

定义 1*
物质的量就是物质的度量，可以通过物质的密度和体积计算出来。

定义 5

向心力的作用是通过拉或者推，或者其他任何方式，迫使物体趋向一个中心点。

与向心力相反的是离心力，它是物体感受的远离中心的力。

向心力，就是我。

我感觉到的就是离心力。

绝对

一个抛出的物体，如果不是因为重力将它拉向地球，它就会以直线飞出去。

如果从山顶发射一枚炮弹，它会飞到远处落入海中。发射的速度越大，它飞得就会越远，直到最后，它会达到一个正好能让它环绕地球的速度，从后面返回它的出发点。它已进入轨道。更快一些，它将会飞入太空。

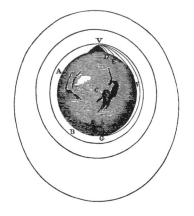

附注 4

以一桶水为例来区分绝对运动和相对运动。

当一只桶在绳索末端旋转时，水面沿着桶的侧壁上升。虽然水相对于桶处于静止状态，但你可以通过弯曲的水面判断它相对于绝对空间在旋转。

运动定律

第一定律

　　对于任何物体，除非有外力作用于它，迫使它改变状态，否则它将保持静止或匀速直线运动状态。

第二定律

　　运动的变化与所施加的力成比例。

第三定律

　　每一种作用都存在一个与之方向相反的反作用；或者说，两个物体施加于彼此的相互作用力总是大小相等并指向相反的方向。

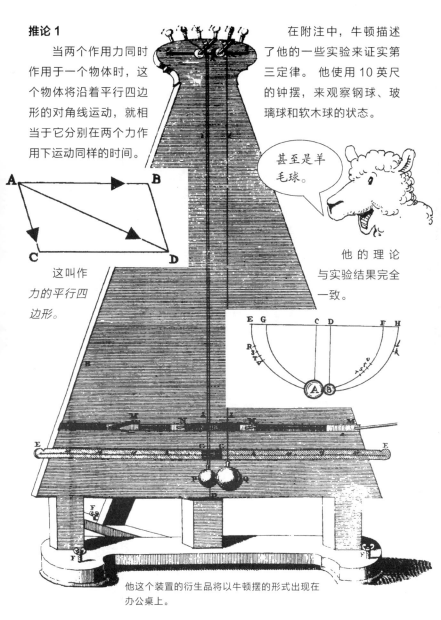

推论1

当两个作用力同时作用于一个物体时，这个物体将沿着平行四边形的对角线运动，就相当于它分别在两个力作用下运动同样的时间。

这叫作*力的平行四边形*。

在附注中，牛顿描述了他的一些实验来证实第三定律。他使用 10 英尺的钟摆，来观察钢球、玻璃球和软木球的状态。

甚至是羊毛球。

他的理论与实验结果完全一致。

他这个装置的衍生品将以牛顿摆的形式出现在办公桌上。

121

初值和终值的比率

现在《自然哲学的数学原理》中使用的数学方法是由一系列引理建立的。为了避免争议，牛顿选择用比他的流数术基础更坚固的几何学来证明他的各个命题。

拒绝使用笛卡尔数学是消除所有笛卡尔痕迹的又一步。

引理一：在任何有限时间内，量以及量的比值总是不断接近相等，并且在最后时刻趋近相等，差值小于任意给定值，并最终实现相等。

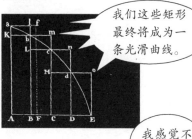

我们这些矩形最终将成为一条光滑曲线。

"古人的方法比笛卡尔方法更优雅。笛卡尔代数微积分转换为语言表述时会变得极其乏味且混乱，令人头昏脑涨，也难以理解。但古人用简单的比例完成了它。"

我感觉不舒服。

牛顿没有谈论不可分割的量，而是通过讨论*消逝时的** 可分割量回避了无穷；不是可分部分的总和及比率，而是总和及比率的*极限*，不是最终比率，而是它趋向收敛的*极限*。

然而，这种*初值和终值比率*的方法是完全现代的，欧几里得会对他的几何形状变成这样而感到震惊。

在许多短暂时间段内通过运动点跟踪曲线。随着时间变得越来越短，牛顿提取了它的数值……

……不是在它消失之前，也不是在它消失之后，而是在它消失的那一瞬间。

砰！

* 消逝时的 = 即将消失的。——本书原注

命题

命题一

牛顿证明，在向心力影响下的运动遵循面积定律。

他首先证明了直线运动的情形。运动物体（沿着路径 *A*、*B*、*C*）和固定点（*S*）之间的连线在相同时间内扫过了相等的区域。

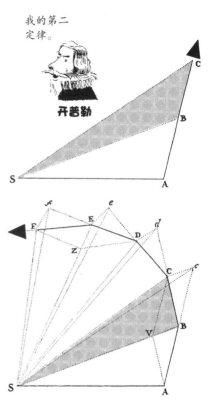

我的第二定律。

开普勒

然后他通过一系列击打使直线运动偏转。利用力的平行四边形，他发现面积定律依然成立。

ABS = BCS = CDS & c

如果三角形的数量无限增加并且它们的宽度无限减小，则运动的最终路径变为一条曲线。

如果一个物体一直被拉向一个点，它的路径将弯成一条曲线，它的运动将遵循开普勒的面积定律。

命题六

如果给定任意曲线图，并且其中还给出了一个点 *S*（向心力一直指向该点），通过把 *P* 点连续地从直线路线拉回来，使之保持在这个图形的界线上，则可以发现向心力定律，与连续旋转描述的相同。

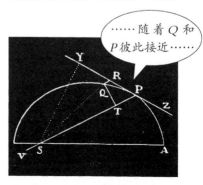

……随着 *Q* 和 *P* 彼此接近……

在偏心圆锥曲线上

建立完曲线上运动的一般状态后，牛顿检验了椭圆路径中运动的特定情况。

椭圆路径，那是我的第一定律。

开普勒

命题十一

他发现将物体保持在椭圆形路径上所需的向心力与距离 *SP* 存在平方关系。这意味着在椭圆形路径上移动的物体受到的吸引力随着它到椭圆焦点距离的平方倒数而变化。

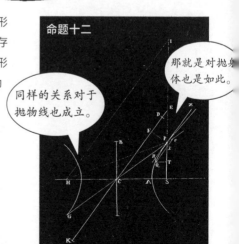

命题十二

那就是对抛身体也是如此。

同样的关系对于抛物线也成立。

一英镑钞票上可怕的错误

1978 年由英格兰银行发行的一英镑钞票背面印有牛顿的肖像。牛顿坐在伍尔索普的苹果树下，在他旁边的花园桌上放着他的反射望远镜和一个棱镜。在他的腿上，打开的《自然哲学的数学原理》正翻到命题十一。但是在占设计主导地位的图上，太阳出现在了错误位置！

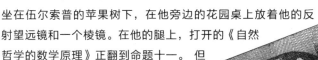

To:-
Chief Cashier,
Bank of England

Bvartensgatan
116 20 Stockholm,
Sweden.
April 19 1983.

Dear Sir,
    It can hardly have escaped your, or someone else's, notice that the design on the reverse of the one pound note is flawed.
    I refer to the placing of the "Sun" at the centre (C) of the diagram purporting to represent Proposition XI from Newton's "Principia": this in direct contradiction of Kepler's First Law (pub. 1618), which states that planetary orbits are elliptical, with the Sun at one of the foci (diag. S). Newton could not possibly have derived his Inverse Square Law of Gravitation from this diagram which you have rightly identified as being fundamental to his work.
    In consideration of the misleading effect this mistake could have upon school children and others, and as a reflection on the Bank of England's reputation, have you considered withdrawing the note to correct the error, which is not a little *

这一版钞票于 1984 年退出了流通。

* 这封信是作者所写，并寄给了英格兰银行行长。
——编者

125

球体

"这个比例可能在更远的距离上也是足够精确的，对于行星表面也成立，在行星表面上各个粒子的距离是不相等的，并且它们的情况也各不相同。"

对于天体彼此距离很远的情况，它们各部分都可以认为是等距的，并且组成它们的各个粒子受到的力的作用是平行的。

对于离地球表面高度只有几英尺的物体，情况显然是完全不同的。苹果会被吸引向下，但也会偏向其他侧面。

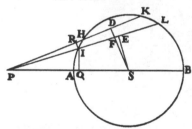

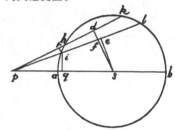

命题七十一

牛顿考虑了由无限多个粒子组成的两个空心球体分别产生的引力。他证明了两个球体之间的力与它们中心之间的距离成比例地增加或减少。就好像球体的全部质量都集中在其中心点上。

因此，根据前面关于在圆锥曲线上围绕吸引点的运动的各命题，当把吸引球体（如行星）放置在焦点上时，命题依然成立。

这是一个重要的事实。

阻力介质

牛顿用钟摆检验了笛卡尔的整体观，"一种极其稀薄和精微的以太介质，它可以自由地充满所有的物体"。它应该产生一些可测量的效果。牛顿没有找到任何它存在的迹象，其阻力是"零或完全感觉不到"。

钟摆实验是在各种条件下进行的，如空气中、水下、水银里，甚至在热油里。

记得要把那条线的阻力算进去，它显然是非常值得考虑的。

他在圣保罗大教堂顶上距离地面 220 英尺（67 米）高处扔下了充满空气或水银的玻璃球。

这些结果对笛卡尔来说是粉碎性的。

笛卡尔把光通过粒子机械接触进行的传播，比喻为盲人用手杖感知物体。

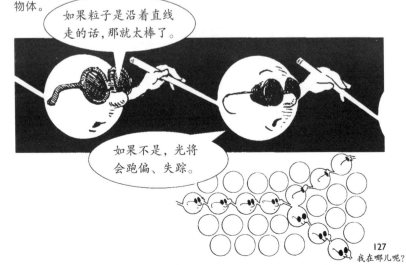

如果粒子是沿着直线走的话，那就太棒了。

如果不是，光将会跑偏、失踪。

迷失在太空

笛卡尔的涡旋行为被发现违反了开普勒定律，而且随着它的能量在太空中"丢失和被吞噬"，它会减速。

"……因此，涡旋的假设与天文现象完全不可调和，非但不能解释天上的运动，反而更令人困惑。究竟这些运动是怎样在没有涡旋的自由空间里进行的，我们可以从第一卷书里得知；而且我将在下一卷书里对此进行更充分的阐释。"

"在本书前面各卷中，我已经阐述了哲学原理；原理不是哲学性的而是数学性的。仍然基于同样的原则，我现在展示世界体系的框架。"

* 欧洲语言里，木星之名即为朱庇特（Jupiter），是罗马神话里众神之王。——译者注

通过观察**木星**的四颗卫星，牛顿发现它们的周期是它们到中心距离的3/2次幂。

木星的卫星遵守我的第三定律。

开普勒

牛顿绘制的朱庇特、木星和四颗木卫。*

土星的卫星也被发现遵守开普勒的和谐定律和面积定律。

我的第三定律适用于土星的五颗卫星，我甚至都不知道它们的存在。

由克里斯蒂安·惠更斯绘制的土星。

各种现象……

牛顿回到了发生瘟疫那两年他对月球引力的计算上。那时他使用了来自伽利略的不准确的地球直径数值。现在，有了新的数值之后，他发现引力正好是地球上的 1/3600。

月球不稳定的晃动可以解释为：地球和太阳随着距离变化而产生的不同拉力所致。

牛顿考虑了三个物体（太阳、月球和地球）对一个粒子环的影响。他让粒子环等于地球半径，就可以计算出潮汐。

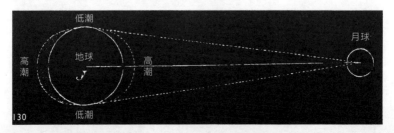

当哈雷在圣赫勒拿岛观测南半球天空时，他注意到他的时钟走得慢了。牛顿解释说，由于地球旋转产生的力，地球自身在两极处被压扁，在赤道处变得略鼓。圣赫勒拿岛比伦敦离赤道更近，离地球中心比伦敦要远 17 英里（28 千米），因此哈雷时钟的钟摆受到的重力也就略小。

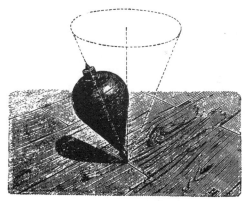

自公元前 129 年以来，天文学家已经知道，除了日常旋转之外，夜空还经常缓慢漂移。这被称为分点岁差，一直无法解释。

牛顿证明，这是由于地球的形状和自转轴倾斜造成的。如果地球是完美球形，则不存在这种效应。因为地球是扁的，太阳引力试图纠正被压扁的地球，同时月球试图将略鼓的赤道位置拉向自己的轨道方向。它们对地球倾斜的自转轴的综合效应使其指向缓慢旋转，转完一周需要 26000 年。

彗尾

"现在我们已经描述了太阳、地球、月球和各行星系统，我们还要添加一些关于彗星的情况。"

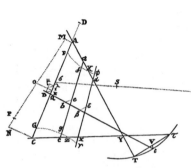

牛顿设计了一种仅根据三次观测确定彗星路径的方法。他选择了1680—1681年的大彗星为例。他用尺子和圆规手绘了彗星的路径——比例尺为以16.33英寸代表地球轨道半径。他绘制的图与现代计算值的误差只有0.0017英寸。

他发现彗星路线为抛物线（遵守开普勒第一定律），（与太阳连线）扫过的面积与时间成正比（开普勒第二定律）。

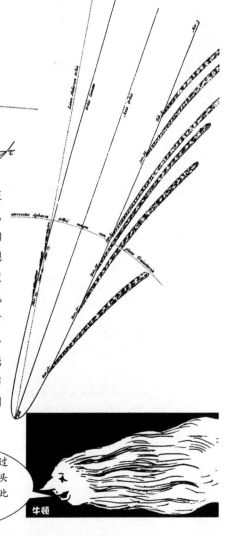

我认为，我可以推测出彗尾只不过是一种非常精细的气体，是彗星头部或核心受热后散发出来的，因此在它经过太阳附近后变得更大。

牛顿

万有

根据这一现象的证据，牛顿得出的结论是，引力确实存在，
而且是同一种力：

导致物体坠落到地面上；

引起潮汐；

让月球保持在地球轨道上；

让卫星保持在围绕其行星的轨道上；

让各行星保持在围绕太阳的轨道上。

它甚至可以控制只是过客的彗星，因此它也适用于太阳系之外。

相同的法则在任何地方都保持不变，因此这种力是万有引力。

所有的物体都具有同样的相互引力作用原理。每两个物体的引力都与它们的质量乘积成正比，并且与它们的距离平方成反比。

因此，亲爱的读者，当地球的引力场让你保持坐在椅子里，并往下压
你手中的这本书时，你自己的引力场也会吸引书本和地球，同时这本书本
身也……

《自然哲学的数学原理》这本书是大约 17 或 18 个月内写出的，其中有两个月我外出旅行，手稿于 1686 年春天送到了皇家学会；考虑到我所用时间之短暂，让我不会因为犯下某些错误而羞愧。

评论很热烈……

这个无与伦比的作者终于愿意公开出现在公众面前，在这篇论文中给出了人类思想之伟力所能达到的范围的最显著的例子：他似乎已经穷尽了论点，几乎没有留下什么让别人能够超过他了……如此众多，而且如此宝贵的哲理，还从来不曾单凭一己之力而产生。

这应该是—— 哈雷自己写的。

世界规律的化身

"**在**整个科学史上，无论是在原创性和思想的力量上，或者是成就之辉煌方面，都没有任何其他著作能与《自然哲学的数学原理》相媲美。没有其他人如此剧烈地改变了科学的结构，因为《自然哲学的数学原理》在揭示通过数学物理学可以获得的精确理解的深度方面前无古人。没有其他任何人通过证明自然的力学观点获得如此权威，这种观点迄今为止在所有其他的科学领域都得到了拓展和效仿。可能只有一个时刻，实验和观察、力学哲学和先进的数学方法可以汇集在一起，产生一个既能自身紧密一致、又可以通过每一个可找到的经验测试来验证的思想体系。为天体物理学建立秩序的机会只有一次，正是牛顿带来了秩序。他是世界规律的化身。**"**

—— *A. 鲁伯特·霍尔《从伽利略到牛顿》*

牛顿可以有充分理由地感觉到，他在象牙塔中离群索居的四分之一世纪没有虚度。在 45 岁时，他已经确立了他的历史地位。当他从论文上抬起眼睛时，他发现生活的内容要比书本更丰富。

与怪兽战斗

1685 年，詹姆斯二世被宣布为英国国王。他立刻开始加紧控制这个国家。他推行了一项使各大学天主教化的计划，作为措施之一，他命令本笃会修士弗朗西斯神父执掌剑桥大学。

牛顿对大多数事情都有强烈的意见，但没有什么比僧侣更令他讨厌了。

在退休之前，他站出来公开蔑视詹姆斯二世。他是剑桥大学抵抗运动的发言人。

尽管国王和"血腥判官"杰弗里斯（他在前一年以叛国罪判处 300 人绞刑）发出了严厉的警告，他还是援引法律坚持反对这项任命。

你敢拒绝，后果自负！

牛顿，你真是恶毒又顽固。滚吧！不要再犯罪，否则你会承受更可怕的后果。

国王詹姆斯二世，1633—1701 年

* 比利国王（King Billy）是苏格兰、北爱尔兰人对威廉三世的爱称。——译者注

韦姆的乔治·杰弗里斯，1645—1689 年

牛顿把他的职业生涯甚至生命都置于危险境地。恰在此时，比利国王 * 在托贝登陆，他才免遭不幸。

136

光荣革命

1688 年，英国传统上敌对的两个政党，*辉格党和托利党*，暂时放下了他们的分歧，联手阻止詹姆斯二世。他们邀请詹姆斯二世的新教徒女婿—— 一位荷兰亲王 ——进军英格兰并成为国王。

"辉格"这个词原本的意思是苏格兰语的"偷马贼"！

"托利"是爱尔兰语的"脚印"。

不流血的革命让*辉格党*控制了国家中枢机构。

但托利党的乡绅们控制了乡村地区的政府。

* 这个协定把王权限制在法律之下，确定了英国的君主立宪制。
——译者注

他们联手给我戴上英国王冠——虽然我只会说荷兰语！

牛顿因其反天主教的立场而获得了奖励—— 在国会拥有一个席位，那届国会确定了"革命协定"*。他的投票记录无可挑剔，但只有一次发言——那是他感觉到有穿堂风，要求一位引座员关上窗户。

从此他大部分时间都在伦敦度过。他与新国王一起进午餐，与哲学家约翰·洛克等杰出人物相识，并享受着年轻科学家群体的钦佩。

奥兰治的威廉，1650—1702年，1689 年成为英王威廉三世

朋友

洛克成了他的亲密朋友。两人就牛顿关注的话题交换观点——科学、经济、政治……

自然状态由自然规律决定。

人们受理性支配而生活在一起，在世间没有人是他们的共同尊长，没有人拥有对他们进行裁判的权力，他们因此处于自然状态。

牛顿

洛克

…… 但牛顿也第一次敢于说出他20年来秘密持有的观点。他谈到他拒绝承认"三位一体"（即所谓阿里乌斯派思想），以及他在《圣经》中发现的伪造之处。洛克提出帮助他出版《两处著名〈圣经〉讹误的历史变迁》。

牛顿决定在荷兰推出一个法语版本，尽管公开他的阿里乌斯派信仰将立即结束他的政治和学术生涯，甚至他将被迫流亡。

他甘冒风险是因为他认为议会将通过一项确保完全宗教宽容的法案。可在这个法案中，天主教徒和阿里乌斯派被排除在外。牛顿原定用真名出版该书，现在他只能拼命从荷兰撤回书稿。

我第一次因为不要印一本书而挣了钱。

牛顿开始愿意冒这样的风险，这雄辩地说明了他身上发生的变化。他变得快乐、自信、开放，沉浸在他新树立的名声中。

一个夏日,在皇家学会的会议上,牛顿遇到了一位25岁的瑞士数学家。韦斯特福尔说:"两人瞬间被对方吸引。"

牛顿是最诚实的人,也是还活着的最出色的数学家。

尼古拉斯·法蒂奥·德·杜伊耶,1664—1753 年

法蒂奥是一位杰出而忠诚的笛卡尔主义者。作为一个数学追星族,他漫游欧洲遍访名流。1689 年,他与惠更斯一起访问了伦敦。到了秋天,他已经是一名前笛卡尔主义者了。

在四年时间里,他和牛顿经常通信。法蒂奥开始写作他自己的"原理",他觉得他写得比原版要更好。虽然哈雷和牛顿嘲笑法蒂奥不切实际的思想,但他却像个孩子一样沉迷。

牛顿还鼓励年轻的数学家和科学家们,他不遗余力地帮助他们发展事业,甚至还出资帮助他们。但没有证据表明牛顿一生曾对同性恋感兴趣。

牛顿接触年轻同行还有各种各样的实际原因。他让他们来抄写和编辑手稿,也就是威金斯在剑桥大学做过的杂务。他们担任信使、翻译和纠纷中的辩护人,甚至以他们自己的名义发表牛顿的观点。甚至牛顿的敌人也没有提出任何值得评论的东西。

关于那事儿没什么好抱怨的。

胡克

然后,法蒂奥的热情消退了,他承认他放弃了数学。他又遇到了一位新朋友,计划跟他做一桩专利药物生意,准备发财。

朋友注意到牛顿突然发生了变化……

139

最不幸的

他疯了吗？

佩皮斯
（皇家学会主席）

阁下，

　　这十二个月来我既没吃好也没睡好，也没有我以前的一贯心态。我必须退出你的社交圈，不再见你，也不再见我的其他朋友了。

牛顿

和女人一起编派他？

洛克

阁下，

　　我听说你曾竭力和一些女人一起编派我，所以当有人告诉我你生病了好不了了的时候，我回答说如果你死了就更好了……我认为你是一个霍布斯主义者。

　　你最谦卑和最不幸的仆人

牛顿

牛顿的崩溃曾被归咎于各种因素……

显然是一起水银中毒事件。

但他有没有抽搐或掉牙齿？

或他的狗戴蒙德引起了火灾。

他从来没养过狗。

　　无论原因是什么，随《自然哲学的数学原理》而来的兴奋陷入消沉。牛顿停止了发表关于光学和数学著作的计划，还阻挠《自然哲学的数学原理》第二版的出版，最后在理想的破灭中放弃了炼金术。他离开剑桥大学，从此定居伦敦。

没有人用钱付账

一位同情牛顿的辉格党贵族和从前的学生在皇家造币厂为他提供了一份闲差，督办这份工作原则上不怎么需要出勤，只要他抽空去看看就行。

我不会为那些要用油的灯而烦恼。

查尔斯·蒙塔古、哈利法克斯伯爵、财政大臣，1661—1715年

但此时英国货币一片混乱。超过两成的硬币是伪造的。其余只有一半具有正确的重量，因为流行的犯罪行为是从硬币中"剪掉"一小块儿。外国拒绝接受英国硬币。

没有人愿意用货币买卖东西。货币仍继续稀缺。如此严重的稀缺导致每天都会发生骚乱。

约翰·伊夫林，1620—1706年，当时一位日记作家

经济形势如此糟糕，以致财政部处于崩溃的边缘，并将导致"光荣革命"随之破产。那将带来斯图亚特王朝的又一次复辟。

对国家的威胁

牛顿一点儿也没有马虎，他以同样的热情投入新工作，就像他做其他任何事情一样。

他让 300 个人和 50 匹马每天工作 20 小时。

每周产量从 15000 英镑增加到 120000 英镑。

牛顿在三年内回收重铸了 6500000 英镑。

是过去 30 年铸币总量的两倍！

游戏开始了，吉本斯！

伪造货币对国家的威胁非常大，因此它被列为严重叛国罪。由于他的生命受到威胁，牛顿无情地追捕犯罪分子，在伦敦的小酒馆和监狱——犯罪分子活动的主场——亲自对付他们。黑社会从来没见过这种有组织的攻击。

诱捕罪犯

牛顿最不容轻视的对手是威廉·查罗纳。

一个穿着乱蓬蓬的破衣烂衫、身上沾满各种颜色的油漆工，他变身为伪币制造者，并在短时间内养成了绅士的习惯。

查罗纳是伪币制造者中莫里亚蒂一样的犯罪天才，他铸造了超过30000 几尼的伪币。他为了领取奖励还把好几个无辜的人送上绞刑架。他本人五次逃脱了同样的命运，其中两次还勒死了目击者。但是，在成功实施一连串犯罪计划之后，他犯了一个错误，就是挑战牛顿。

我指责牛顿先生，皇家造币厂的主管，伙同几位官员同流合污、滥用职权、欺世盗名。

嘿嘿嘿!

查罗纳公开指责造币厂无能，并提出改进措施。他的计划不过是让他的追随者霍洛威取得主管抓捕伪币制造者的职务，让他自己成为造币厂的主管! 议会被蒙蔽了，允许查罗纳检查造币厂的秘密机器。牛顿完全拒绝，并且全力收集证据，诱使查罗纳自投罗网。两年后，牛顿手里的档案就和《自然哲学的数学原理》里面的任何命题一样被彻底研究清楚了。他下令逮捕查罗纳，这一次他插翅难逃了。

泰伯恩行刑场

经常被他迷惑的正义女神现在已经准备好了用铁拳把他打成碎片。

　　1697 年，在泰伯恩行刑场处理了 19 起针对造币的罪行。牛顿总共把 28 个人送上了绞刑架。他是一个有报复心的虐待狂吗？

伪币制造者和偷剪硬币者的血液滋养了他。

弗兰克·E.曼努埃尔

无法摆脱义务……没有证据表明牛顿在这份工作上投入的心血比他在其他工作上更多。

理查德·S.韦斯特福尔

如果查罗纳放弃制造伪币，远离政府，回去做他的油漆工生意，那他可能还活着。

主席

在世纪之交，胡克病倒了，没有了他的实际操持，皇家学会萎靡不振。与 17 世纪 70 年代早期的鼎盛时期相比，它已经陷入了悲惨的境地。

很少有成员出席会议。

雷恩

它已成为一个为无聊的自然哲学家提供八卦谣言的俱乐部！

斯隆

胡克于 1703 年去世，他那时已失明，被孤立，还因贫困而生活悲惨。

造币厂的压力已经大为缓和，牛顿发现自己有足够空闲时间。他把注意力转向皇家学会。

他当选为主席，并且将在余生中一直占据这个位子。牛顿着手振兴学会，但首先他得算一笔旧账……

把胡克的肖像给我烧掉！

他有一个"建立皇家学会的规划"。

自然哲学在于发现自然的框架和运作方式。尽可能简化之后，形成了通用的规律法则——通过观察和实验建立这些规则，从而能够解释事情的原因和影响。

虽然前几任主席很少有耐心参加每周例会，但牛顿在接下来 20 年内只缺席了三次。为了恢复人们对学会的兴趣并增加会员人数，从弗朗西斯·豪克斯比的空气泵开始，他在每次会议上都安排了现场的实验项目。

在正式被公认为伦敦最杰出的科学家，而且胡克也完全不再是障碍之后，牛顿终于觉得能够出版他的《光学》了。

为了避免卷入这些麻烦的争议，我已经推迟印刷至今，若不是那些朋友反复劝说我，还会继续推迟。

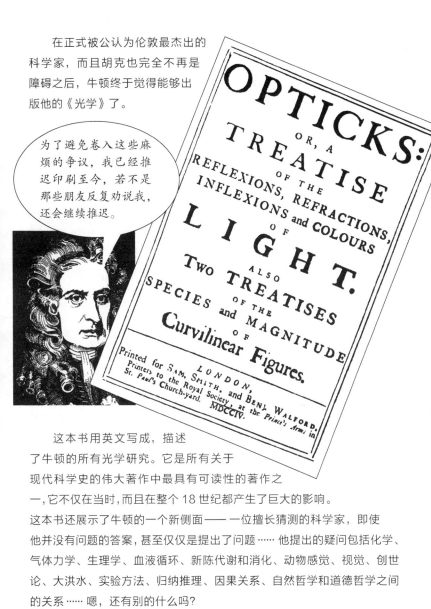

这本书用英文写成，描述了牛顿的所有光学研究。它是所有关于现代科学史的伟大著作中最具有可读性的著作之一，它不仅在当时，而且在整个 18 世纪都产生了巨大的影响。这本书还展示了牛顿的一个新侧面——一位擅长猜测的科学家，即使他并没有问题的答案，甚至仅仅是提出了问题……他提出的疑问包括化学、气体力学、生理学、血液循环、新陈代谢和消化、动物感觉、视觉、创世论、大洪水、实验方法、归纳推理、因果关系、自然哲学和道德哲学之间的关系……嗯，还有别的什么吗？

上帝是太空

在几乎没有物质的地方会有什么?

眼睛没有光学技巧却能看见?耳朵不懂声音却能听见?

世界的秩序和美是从哪里产生的?

大自然什么都没有白做,这又是怎么回事呢?

为什么星星不会彼此相撞呢?

无限空间不是一个无形的、有生命的、聪明的、无所不在的生命的感觉中枢吗?

彗星的目的是什么?

牛顿重新考虑披露他关于无限空间的思考,并召回了这个版本,要删除和替换相关页面。但原版的一些副本流散出去了……

牛顿的头痛

牛顿迫切需要对月球轨道更准确的观测资料，以完善他仍然有待完善的月球理论……

这是唯一让我感到头痛的事情。

给牛顿先生头痛的处方：吊袜带绑住你的头，直到头皮失去感觉。这能延迟血液循环来冷却头部。　　证明完毕。

有一位皇家天文学家负责计算月球和星星的位置，但他 30 年来一直没有发表任何东西。

第一位皇家天文学家约翰·弗拉姆斯蒂德于 1676 年开始在格林尼治的新天文台进行观测。

这栋建筑的经费是通过出售旧的和过期的火药筹集的。

弗拉姆斯蒂德常年被痛风折磨，他易怒，防备心很强，拒绝分享他的观测结果，理由是那些都是他的私人财产。

我用的是我自己的仪器！

你的观测结果是皇家财产！还有，你跟我说话时，要叫我"爵士"！

弗拉姆斯蒂德

牛顿爵士，1705 年被封为爵士，是第一位获此殊荣的科学家

金戒指

牛顿付给弗拉姆斯蒂德 180 英镑来计算月球的位置。但弗拉姆斯蒂德把钱花在了观测恒星上，结果对牛顿毫无用处。当弗拉姆斯蒂德最终被迫交出他的观测结果时，牛顿发现其中充满了错误！

您怎么能想象这些错误是故意为之的？

弗拉姆斯蒂德抓住一切机会贬低牛顿……

噢，我永远不会那么做。

做好事一直是我人生的准则，而不是他的准则。牛顿是一个大大的无赖，他偷走了我的两颗星星！

托马斯·韦斯顿　　　弗拉姆斯蒂德

……或者阻挠他，或指责他做错了。

牛顿是大无赖。他在挖我已经挖过的矿井。

就算弗拉姆斯蒂德那条狗挖过矿，不过是我铸成了金戒指。

牛顿

在暴怒之下，牛顿翻遍了整部《自然哲学的数学原理》，并删除了所有提及弗拉姆斯蒂德之处，这还不算完，他又以没有支付会费为由把后者赶出了皇家学会。

雷格蒙塔努斯，1436—1476 年

六分仪

是雷格蒙塔努斯首先建议通过月球的位置来确定海上船只的位置。但仍然存在如何准确测量的问题。

1707 年，由于糟糕的导航技术，海军上将沙沃尔率领下的英国舰队撞上了锡利群岛的礁石。包括海军上将在内的两千人丧生，财产损失惨重。这使导航问题引起了当局的注意。

牛顿意识到准确的时钟可以定位，但正如他所说："在海上一旦丢失了经度，任何手表都找不回它。"

月球角距法要求领航员测量月球与一颗恒星和地平线之间的距离的精确度好于 2 弧分。牛顿亲手制作了双反射六分仪，使之甚至在船只摇晃的甲板上，对月球的观测也能达到这种精确度。他在 1699 年向皇家学会展示了它，但胡克声称已经在三十年之前做出来过，牛顿随即放弃了它。

1714 年，牛顿爵士被议会任命领导一个寻求"发现海上经度"最佳方式的委员会。为此设立的奖金高达 20000 英镑。接下来的几年里，牛顿一直在处理蜂拥而至的稀奇古怪的建议。

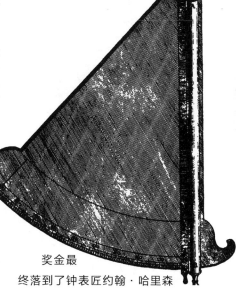

奖金最终落到了钟表匠约翰·哈里森囊中，他的计时器与库克船长一起航行（达到了要求）。

（这种六分仪于 1731 年在美国和英国又重新独立发明。）

懊恼和出离愤怒

与牛顿和莱布尼茨之间的争执相比，他与弗拉姆斯蒂德的冲突只是一个小小的烦恼。这场激烈争端持续了 20 年，并在那位德国哲学家去世之后仍在继续。

它开始于 1684 年，那一年莱布尼茨发表了他关于微积分的发现，却没有提到牛顿在这个问题上取得的进展。

> 莱布尼茨，有史以来最杰出的知识分子之一，但作为一个人，他并不令人钦佩。

罗素

如果莱布尼茨没有继续声称他是微积分的唯一发明者，牛顿可能会让这件事过去。牛顿的朋友们都为之愤怒了……

> 莱布尼茨从牛顿那里偷走了微积分。

> 牛顿，你的想法以莱布尼茨的名义传播到了国外！

约翰·沃利斯

……最后，愤怒的牛顿允许出版从 1676 年起他们之间通信的全文——但这只是驱使莱布尼茨否认所有的一切！

这个德国人在公开场合赞美牛顿的同时，开始在科学期刊上匿名发表恶毒的攻击。牛顿则以牙还牙……

> 伟大的男人就像女人一样，除了极度懊恼和出离愤怒外从不放弃恋人。而且，先生们对他的观点才是真爱。

安斯巴赫的卡罗琳，1683—1737 年，王后

经验主义

这一争吵没有以莱布尼茨去世而告终。情况表明，伦敦出版家柯林斯在 1676 年向他展示了牛顿的*流数术* —— 这是牛顿从一开始就怀疑的事情。

两个人都团结起一批支持者，这场争执一直持续到 19 世纪，造成的分裂将使英国数学家与欧洲大陆的主流进展隔绝了一百年，并使他们拒绝使用一些本无可争议的东西 —— 莱布尼茨更优越的符号系统。我们今天使用的这位德国人发明的 dx、dy 和 $\int$ 在一百年后才抵达英格兰。

优先权之争不是这两个知识巨人之间唯一的争论点。牛顿是名为英国经验主义的哲学运动的领军人物。

牛顿从广泛的事实调查中得出相对温和的结论……

他可以纠正一点瑕疵而不会造成完全崩溃……

而莱布尼茨在一点点儿的逻辑原则的基础上建立了一个庞大的演绎大厦。

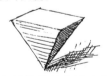

莱布尼茨的结构是不稳定的，最轻微的瑕疵也将导致其倾倒而变成废墟。

153

年表

除了纠纷之外，在他生命的最后几年，牛顿不得不花费无尽的时间修改他的神学著作，以掩盖他的阿里乌斯主义！卡罗琳公主已经风闻他对宗教历史的关注，并要求看他的著作。如果真相暴露就会带来毁灭性灾难，牛顿从他的作品中做了一些摘录，去掉了所有他反"三位一体主义"的暗示。但是当一个盗版的摘录出现在巴黎时，却引发了一拨批评，要求牛顿做出回应。他被迫重写了整本书。

去掉了阿里乌斯主义，还剩下什么呢？

牛顿的惊人创新是**天文测年法**。他比较了古代文献中关于夜空的描述，并利用二分点*进动（岁差）*计算了星星出现在那些位置的时间，将公认的年表缩短了 500 年。他把阿尔戈英雄的航行时间定为公元前 937 年。

在古代历史学家风平浪静的世界里，它就像丢下了一颗炸弹。伏尔泰想知道科学世界是否会发现给予一个人同时完善物理、数学和历史的荣誉太过分了……

"这将是一种普遍的最高权威，个人难以承受！"

牛顿的目标是证明犹太文明比古希腊文明更早。

THE

CHRONOLOGY

OF

ANCIENT KINGDOMS

AMENDED.

To which is Prefix'd,

A SHORT CHRONICLE *from the First Memory of Things in Europe, to the Conquest of Persia by Alexander the Great.*

By Sir *ISAAC NEWTON.*

LONDON:

Printed for J. TONSON *in the Strand,* and J. OSBORN and T. LONGMAN *in Pater-noster Row.*

MDCCXXVIII.

伏尔泰

牛顿没有活着看到这本被改过的全本《古代王国年表修订版》出版。

预言

他也没有活着看到他的《对启示录预言的观察》出版——这是他自17 世纪 70 年代以来一直致力的一个主题。

OBSERVATIONS
UPON THE
PROPHECIES
OF
DANIEL,
AND THE
APOCALYPSE
OF
St. *JOHN.*

In TWO PARTS.

By Sir *ISAAC NEWTON.*

LONDON,
Printed by J. DARBY and T. BROWNE in *Bartholomew-Clofe.*
And Sold by J. ROBERTS in *Warwick-lane,* J. TONSON in the
Strand, W. INNYS and R. MANBY at the Weft End of St.
Paul's Church-Yard, J. OSBORN and T. LONGMAN in *Pater-
Nofter-Row,* J. NOON near *Mercers Chapel* in *Cheapfide,* T.
HATCHETT at the *Royal Exchange,* S. HARDING in St.
Martin's lane, J. STAGG in *Weftminfter-Hall,* J. PARKER in
Pall-mall, and J. BRINDLEY in *New Bond-ftreet.*
M.DCC.XXXIII.

他并不急于发表，因为世界末日并非迫在眉睫。

牛顿认为，这个世界将在 2132 年终结。

1725 年初，牛顿因为健康原因搬到了肯辛顿。

"牛顿爵士住在这个有点儿偏僻的县里。他非常善良，乐于助人，但是他因为无法做到像以前那样而非常沮丧。"

——康杜伊特

有人试图说服他骑马去教堂而不是走路……

走走路，会有灵感。

他开始分赠财产，烧掉了一些文件。1727 年 3 月，他开始发热，被诊断为膀胱中有结石。

辞世

最后，在临终之际，牛顿公开了已秘密持有 50 年的信仰，他拒绝了最后的圣礼。他于 3 月 19 日星期日陷入昏迷，第二天凌晨 1 点钟去世了。

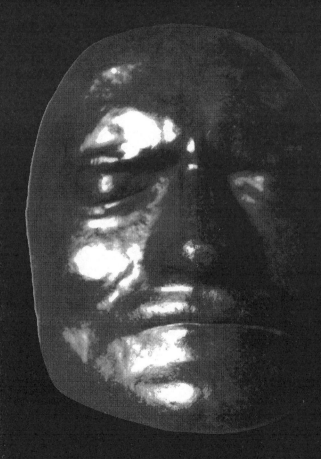

"痛苦达到了如此剧烈的程度，以至于他身下的床，还有整个房间，都随着他的痛苦而颤抖，震惊了那些在场的人。如此一场挣扎使他伟大的灵魂离开了他尘世的栖身之所。"

英国来信

牛顿走了，但他给英国社会留下了永久的印记。那里的每个人都通过牛顿的眼睛看世界，与笛卡尔主义仍然占据主导地位的欧洲大陆完全不同。

在巴黎，人们认为地球形似细长的甜瓜。

在伦敦，地球像个扁平的南瓜。

伏尔泰

在牛顿的葬礼举行时，这位法国哲学家正在英国流亡，他对那里的智识气氛印象深刻。他在著作《哲学通信》中描述了英国生活和信仰的各个方面。他将英格兰描绘成自由、宽容和进步之地，与海峡对岸迷信的封建暴政形成鲜明对比。1734年它在法国出版，立即就被查禁了。伏尔泰的《哲学通信》以其对社会、经济和政治思想的影响，被证明是那个世纪最有影响力的著作之一。它形成了法国正在酝酿的爆炸性混合物里必不可少的一种成分。

牛顿在科学上的胜利为洛克的民主哲学铺平了道路，这将进一步促进世界各地革命的爆发。从1776年的美国开始，民主哲学最终写入几乎所有现代宪法。

"在产生了无与伦比的牛顿先生的时代，所谓雄心也就是在通往知识的道路上做一名小工，清理一点点地面，清除那里的一些垃圾，这就足够了。"

约翰·洛克

人权

政府不可以为所欲为。正如牛顿揭示的自然法则，是对所有人都适用的永恒规则。

洛克

　　自由主义孕育了不可剥夺的人权观念。1776 年，人权被写入《独立宣言》，开启了美国革命。

我们认为这些真理……

这是欧几里得。

是不言而喻的……

这句话来自洛克的《政府论》。

……人人生而平等，造物者赋予他们若干不可剥夺的权利……

杰斐逊　　富兰克林

挑起法国革命

法国皇帝路易十六对民主的平等理想有不同看法，这引发了1789年的法国大革命。

你们可以享受新闻自由、自由贸易、税制改革和土地改革，但我（跟你们）不平等，就是这么回事儿。

《人权宣言》

路易十六，1754—1793年

法国人民坚持认为他们也是生而平等的，拥有不可剥夺的权利。1789年通过了《人权宣言》。教皇谴责这是对上帝不敬。

"我把目光投向了欧洲的学院和大学，到处都是洛克的织布机，它发出的声响让泥沼变得愤怒，被牛顿的水车灌洗。"

威廉·布莱克

……人人生而平等，造物者赋予他们若干不可剥夺的权利……

共和主义道德

根据 J.K. 加尔布雷思的说法，18 世纪普通公民购买一件外套，相当于今天人们买一辆汽车，甚至是买一栋房子。在这种背景下，廉价布料的大规模生产是民主的和革命性的。这是新技术的精神，这种技术成就了美国革命。

没有什么是好的和美丽的。但在某种程度上它是有用的。机器的发明，或工具的改进，比拉斐尔的杰作更重要。

本杰明·富兰克林，1706—1790 年

建筑、雕塑和绘画共谋反对人权。

约翰·亚当斯，1735—1826 年。美国第二任总统

经过工业化，对应用科学带来的各种效应的看法开始分化，这可能对刚诞生的共和社会的道德产生影响。

让我们的工厂继续留在欧洲。大城市的暴民只是增加了对纯粹政府的支持，就像痛楚让人的身体更强壮。

托马斯·杰斐逊，1743—1826 年。美国第三任总统

高跷上的废话

洛克和牛顿可能是政治革命的世俗守护神，但随后的技术革命忘记了牛顿对自然的尊重。新的工业家忙于追逐更有利可图的想法。

> 最后一个有点感觉的人。

霍布斯

> 人的权利，胡说八道；不可剥夺的人权，踩着高跷的废话。

算术而不是微积分是工业革命的基本工具。如果将利润和损失的概念应用于道德和政治，那么幸福和痛苦就可以相互消除。从总体幸福中减去痛苦，结果才是净幸福。

霍布斯式个人主义，人无限的贪欲，不断的战争状态，以及在经济和文化中自由发展的竞争，都是当时的秩序。此外，这种毫无约束的斗争的副作用对整个人类都有好处。

杰里米·边沁，1748—1832年。自画像，他被制成木乃伊的遗体保存在伦敦大学学院的一个橱柜里

> 百万富翁是自然选择的产物。

威廉·格雷厄姆·萨姆纳

天体革命

地上的革命就说这么多。牛顿爵士的理论在天上经受了严峻的考验。他仍然无法解释天体运动中存在的一些不规则行为，从而给对手留下了把柄。至于"超距作用"……

"实际上，这又回归了玄学性质，更糟糕的是无法解释的那些性质。人们会放弃哲学和理性，从而为无知和懒惰开辟一个避难所。"

"引力原理在我看来很荒谬。他怎么能在没有其他基础的时候，让自己做那么多的研究和困难计算，惹来这么多麻烦？"

莱布尼茨

惠更斯

在伏尔泰的影响下，法国启蒙运动的科学家接受了牛顿，并按照他的理论得出了正确的结论。

"如果有人荒谬到相信涡旋物质，我们会说这个人是笛卡尔主义者；如果他相信精神性的实体，他是一个莱布尼茨主义者。但是没有牛顿主义者。将牛顿的名字当作一个派别是错误权利。"[意思是，牛顿影响了所有人。——译者注]

加布里埃尔·埃米尔，1706—1749年。把《自然哲学的数学原理》翻译成法语的译者

启蒙

在拉普兰，1度是 57395 土瓦斯，在法国是 57060 土瓦斯。*

* 土瓦斯（Toise）是当时法国巴黎的长度单位，略小于两米。——译者注

皮埃尔·路易·莫罗·莫比乌斯，1689—1759 年

1736 年，莫比乌斯前往拉普兰，测量了北极附近的 1 度经度。结果证实了牛顿的预测。芬兰托尔尼奥港附近的 1 度经度确实更长。地球在两极附近变扁平了。

数学家拉格朗日在笛卡尔三维空间中增加了时间维度，创造了四维时空。他在 28 岁时解决了*三体问题*，证明了月球确实遵循了牛顿定律。

拉普拉斯在他的《天体力学》中回答了"太阳系是否稳定"这个问题。他证明尽管各行星存在对彼此的扰动，但太阳系是稳定的。

在牛顿去世百年之后，拉普拉斯说出了他的这条定律：

每一个出现的新困难，都成为支持它的胜利主题——这是真正的自然系统最可靠的特征。

皮埃尔·西蒙·拉普拉斯，1749—1827 年

163

地球仍在运动 *

1871 年，在巴黎的万神殿内，傅科终于在其他人失败的地方取得了成功。他最终证明地球在转动。他从穹顶用一条 68 米的线，悬挂起一个 60 千克的铜球。在摆动过程中，球上的一根针会在地板上的沙子中画出一条线。

一个单摆！为什么我没有想到它？

伽利略

随后摆动留下的线条证明摆锤正在漂移。五分钟后，第一行和最后一行开始的位置之间有几厘米的距离。实际上，单摆在空间同一个地方保持摆动，但地球却从西向东转动了。

* "但是，它确实在移动。"这是伽利略在受审时没有说过的话。——本书原注

极限

在数学方面，也继续有人吹毛求疵。

> 这些流数是什么？消逝增量的速度。这些相同的消逝增量是什么？它们既不是有限量，也不是无限小量，也不是零。我们可以称它们为过去量的幽灵吗？

伯克利主教，1685—1753 年

芝诺的阿基里斯悖论仍然是一个棘手的问题。"接近极限的变量是否能达到自身？"

1872 年，魏尔斯特拉斯最终通过将微积分视为数而驱除了芝诺，完全排除了几何。曲线由运动点产生的想法是错误的。魏尔斯特拉斯表示，极限根本不涉及逼近的想法，而是静态的。 但是，就在微积分最终建立在严格的逻辑基础上时，几何世界正在摇摇欲坠。

欧几里得致命的阿喀琉斯之踵是平行公理。他从未证明平行线永远不会相交。数学家们构建了其他的*非欧几里得*几何学。

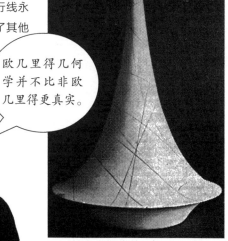

> 欧几里得几何学并不比非欧几里得更真实。

一个伪球，其表面的所有三角形都遵循一致的定律。

波恩哈德·黎曼，1826—1866 年

165

失踪的行星

1781 年，威廉·赫歇尔发现了一颗新行星——天王星。接下来几年里绘制出了它的轨道，数学家布瓦德对它的路径感到困惑。他的结论是，牛顿定律并不适用于离太阳那么远的地方。

U.J.J. 勒维耶没有失去信心。

我在牛顿的基础上预测干扰是由一颗未知行星引起的。

勒维耶计算了那个未知天体的位置。伽勒搜索了勒维耶说它应该所在的天空。1846 年，他找到了海王星。

海王星的发现可能是对牛顿定律最壮丽的确认，这是在牛顿在他母亲位于伍尔索普的苹果园里开始计算天界运动近二百年之后了。

郭本·勒维耶，1811—1877 年

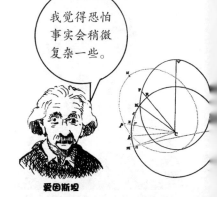

我觉得恐怕事实会稍微复杂一些。

爱因斯坦

受到这种成功的鼓舞，勒维耶预测有另一颗星球能解释水星微不足道的漂移。他称这个新行星为火神星。

166

在尝试解释水星轨道逐渐的改变时，爱因斯坦考虑了为什么不同重量的物体是以相同的速度下落的。他觉得引力必须取决于空间和时间的结构。他努力计算时空属性，发现那种几何学已经存在了，就是黎曼创建的。

月球通过时空曲率保持在环绕地球的轨道上。

为了检验他的理论，爱因斯坦预测，一束光的路径应该受到引力场的影响。在日全食期间对观察者产生了可测量的影响。1919 年，皇家学会派了一支探险队前往非洲西海岸的普林西比岛。爱丁顿发现光的弯曲程度正如爱因斯坦所言！牛顿固定的绝对空间已不复存在。

牛顿，原谅我。你已经找到了一个人可能拥有最强智力和创造力的唯一途径。你创造的概念仍然主导着我们在物理学中的思考方式。

二重性

虽然爱因斯坦毁掉了牛顿的绝对空间概念（因此也否定了勒维耶猜测的火神星——译者注），但爱因斯坦恢复了牛顿关于光的二重性和原子存在的理论，这两者从来无人相信。

在 19 世纪末，没有人相信原子存在。

原子是贫乏的想象力虚构出来的。

莱布尼茨

牛顿有时将光视为波，有时将其视为粒子。在几代人认为拯救牛顿这个垂危理论是徒劳的尝试之后，这个猜想已被证明是天才直觉的极致例证。爱因斯坦用他关于光电效应的论文，证明光同时既是波也是粒子。

玻尔兹曼，最后一位老派学者，由于恩斯特·马赫的追随者即现代年轻思想家们的嘲笑而自杀。

在关于布朗运动的论文中，爱因斯坦给出了原子存在的具体证据。

是不是物质和光不可相互转换成另一个？

那就像是，
$E = mc^2$

面对物质的这种双重性质，物理学家引入了一种新的力学。在**量子力学**中，通过来回投掷**量子包**（能量包）来传递相互作用力。正像牛顿研究炼金术时所怀疑的那样，能量和物质可以相互转化，光的量子是**光子**。物理学家普遍同意自然界有 4 种不同的力。**电磁力**，是所有化学的基础，它的量子是**光子**。**强力**将原子结合在一起，它的量子是**胶子**。**弱力**导致放射性衰变，它的量子是**玻色子**。所有力中最弱的**引力**有没有质量的**引力子**。

为将这些不同的力量整合到一个宏大的**万物理论**（Theory of Everything）中，已经有各种不成功的尝试。爱因斯坦花了他后半生的时间试图将量子力学与引力调和为统一场论。

超距

我们现在是否更接近理解引力是什么了？

如果有**引力子**，那么也必须有**引力波**。物理学家已经建立了极其敏感的探测器，但迄今为止还没有记录到引力波 *。引力拒绝被量子化，仍然仅被定义为时空曲率的一种结果。

不过，通过在澳大利亚矿山里测量引力，伊弗列姆·费契巴克得出的结论是，在自然界中存在称为**超电荷**（hypercharge）的第五种力。这种反引力会使自己在600英尺以外被感觉到，它的效果将会使真空中的羽毛比砖头下落得更快！

一根超弦，超级放大效果。

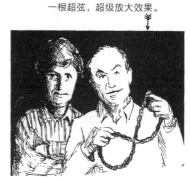

格林　　　　施瓦茨

弦理论将力解释为并非相互作用的点状粒子，而是无限小、缠绕、卷曲的一维弦。

但无论未来可能带来什么……

任何人都无法假定牛顿的伟大工作能轻易被相对论或任何其他理论所取代。作为我们整个现代概念结构在自然哲学领域的基础，他伟大而清晰的思想将永远保留其独特的意义。

爱因斯坦

*2015年9月14日，LIGO探测器找到了第一个引力波信号，三位科学家因此获得2017年诺贝尔物理学奖。——译者注

有穿透力的眼睛

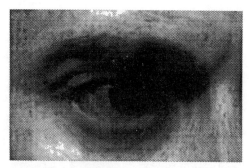

对牛顿的性格普遍存在误解的一个原因，可能是他流传的肖像是生硬的，缺乏人情味儿，带有死鱼的气息，或者至多是一只自命不凡的疯疯癫癫的绵羊。他被描述为"快乐而充满活力，眼睛活泼而有穿透力"。

现在能看到的很好的肖像都是戈弗雷·科内勒（Godfrey Kneller）绘制的。其中一张是在牛顿 45 岁时完成的，属于朴次茅斯庄园。另一张非常好的肖像作于 1702 年，保存在英国国家肖像画廊。科内勒绘制的即使是牛顿晚年肖像也充满了活力，在波兰华沙也有一张伟大的肖像。

平庸的画家只能制造有误导性的肖像。弗兰克·曼努埃尔从范德班克的绘画中得出了一些关于牛顿性格和健康的非常有影响的结论，当时国家肖像画廊的这幅画像正处于非常不健康的状态。要避开范德班克、西门和桑希尔的所有作品，但也要小心复制品。女王本人就拥有科内勒 1689 年杰作的一幅死气沉沉的副本。

感谢斯蒂芬·克罗，没有他的贡献，我永远也不会开始写这本书。如果书里有些有趣之处，那就是他的，而那些枯燥乏味之处是我自己写的。感谢比尔·布朗坚持让我读《梦游者》，感谢雷奈克医院的工作人员 P. 埃文拯救了我妻子的生命，否则这本书永远也写不完了。

1993 年春于巴黎

为了全面了解在牛顿之前人类改变宇宙观的历史，你找不到比阿瑟·凯斯特勒的《梦游者》更好的阅读材料了。哈钦森出版社于1959年出了首版，现在市面上可以找到企鹅版的平装本。

牛顿的标准传记是理查德·S.韦斯特福尔的《永不停止》（*Never at Rest*），它于1980年由剑桥大学出版社推出，不太可能被超越。

还有一种不同的传记，由穆勒出版的弗兰克·曼努埃尔的《艾萨克·牛顿肖像》。如果你认为牛顿发现引力定律是因为他被远方的人强烈地吸引了——他死去的父亲，以及重新结婚但不在他身边的母亲，那么这本书就是给你写的。充满了迷人的背景。

牛顿自己的版本可在《自然哲学的数学原理》中找到，卡约里修订的莫特两卷译本，由加州大学出版社出版。

他可读性更强的《光学》可以从多佛出版社购买，还有伽利略的《两种新科学的对话》和笛卡尔《几何学》。

I. B. 科恩编辑了《艾萨克·牛顿关于自然哲学的论文和信件》，由哈佛大学出版社出版。这是他的一生中读到的牛顿发表的所有其他文本的合集。经影印制作，它们会让人真正体会到在那个时代第一次遇到这些想法的感觉。

关于新柏拉图主义以及它如何影响现代思想诞生的信息，贝蒂乔·蒂特·多布斯的《牛顿炼金术基础》，可以从剑桥大学出版社找到，还有查尔斯·韦伯斯特《从帕拉塞尔苏斯到牛顿》《魔术和现代科学的形成》。

如果您只是想了解事实，由劳特利奇&凯恩·保罗出版社出版的德里克·杰特森《牛顿手册》让它们触手可及。这本参考书，按字母顺序排列500个条目，涵盖了牛顿生活和工作的各个方面。写得非常好，极其宝贵，对所有热爱牛顿的人来说都是必读之书。

威廉·邓纳姆（企鹅）的《天才之旅》不只是陪你浏览牛顿对二项式定理的发现，而且解释了从希波克拉底到康托尔和超限界的所有伟大的数学定理。

托马斯·希思爵士不可或缺的两卷本《希腊数学史》（1921年）可以从多佛出版社获得，还有附有托马斯爵士评论文章的《欧几里得几何学》。还要推荐的是多佛出版的卡尔·B.鲍耶的《微积分历史及其概念发展》和玛格丽特·E.巴隆的《无穷小微积分的起源》，书中有特别精细的图表。

为什么是一条狗？

除了他经常自认为他是一条狗的事实之外，把开普勒画得像狗一样，意义何在？

以下是开普勒的两幅典型肖像，但你对他的一生了解越多，越会觉得这都不可能是他的发型。

在照片复制术出现之前，肖像画主要通过可以印刷和广泛发行的雕版复制品而为人所知。这些图像在批量复制自身不太准确的副本时，好像拥有了自己的生命。这里的出发点是从一开始就看起来跟开普勒并不像的一幅肖像，随着时尚的改变，它也发生了变化，变成当时人们认为一位德国天文学家应该有的样子。

爱因斯坦的邮票表现出类似的相对论效应，因为在任何国家发行的邮票上他似乎都具有所在国家的族群特征。

左边这幅肖像可能跟开普勒本人更像，至少是对他像狗一样性格的真实刻画。

索引

图画通识丛书